諸国神社
一宮・二宮・三宮

渋谷申博

山川出版社

和泉国一宮　大鳥大社の参道

山城国一宮　賀茂別雷神社の立砂

官幣大社日前神宮
官幣大社國懸神宮

紀伊国一宮　日前神宮･國懸神宮の参道入り口

丹後国一宮　籠神社の境内

尾張国三宮　熱田神宮

参拝
順路
安全祈願

三河国三宮　猿投神社の中門

駿河国一宮　富士山本宮浅間大社の境内

駿河国三宮　御穂神社の境内

伊豆国一宮　三嶋大社の参道

南宮大社

美濃国一宮　南宮大社の境内

若狭国二宮　若狭姫神社の境内

安房国一宮　安房神社の境内

安房国一宮　鹿島神宮の拝殿·本殿

常陸国一宮　鹿島神宮の奥宮

安房国一宮　鹿島神宮の大鳥居と標柱

出羽国一宮　大物忌神社の鳥居

伯耆国一宮　倭文神社の境内

阿波国一宮　大麻比古神社の境内

石見国一宮　物部神社の拝殿

豊前国一宮　宇佐神宮の西大門

日向国一宮　都農神社の境内

大隅国一宮　鹿児島神宮の本殿

筑後国一宮　高良大社の拝殿

諸国神社　一宮・二宮・三宮

はじめに

「一番はじめは」で始まる手まり歌をご存知だろうか。
民間で伝承されてきたものなので地域などによって歌詞に異同があるが、おおむね次のようなものだ。

「一番はじめは一宮、二は日光東照宮、三は讃岐《さぬき》の金比羅《こんぴら》さん、四は信濃の善光寺……」

この調子で十まで各地の古社・名刹をめぐったのち、歌詞は徳冨蘆花《とくとみろか》の『不如帰《ほととぎす》』に題材をとったものに変わり、この巡礼が浪子《なみこ》の病気平癒を願ったものだということがわかる（古くは数え歌部分だけであったともいう）。

興味深いのは、この手まり歌が「一宮」で始まることだ。「いち」で始まる社寺には東照宮や金比羅宮（金刀比羅宮《ことひらぐう》）のように誰もが知っているようなものがないからといってしまえばそれまでだが、ここからこの手まり歌が流行した明治から昭和初期頃の人々にとって一宮は東照宮・金比羅宮と並べても違和感のない存在であったことを読み取ることもできる。

最初が一宮であるのは、歌に親しみを感じさせる要素にもなっていると思われる。たとえば、最初が出雲大社であったなら（一般的な歌詞では出雲大社は五番目）、関東以北の人には遠すぎて最初に詣でるところとは思いにくいだろう。

これに対して一宮は各国（出雲国や武蔵国などの令制国）に一つずつあったので、どの地域に住む人にも地元で一番の神社から巡拝を始めるというイメージを抱くことができる。

しかし、いったいどれほどの人が、一宮とはどういうものかを知ったうえでこの歌をうたっていたのだろうか。いや、それ以前に、どの神社がその国の一宮なのか、はっきりいえる人がどの程度いたことだろうか。おそらく、ごくわずかだったのではなかろうか。一宮巡拝が静かなブームとなっている現在でも、こうした質問に正しく答えられる人は数少ない。

もっとも、このような一宮あるいは一宮制度に対する認知度の低さは、やむをえないことともいえる。というのは、神道の歴史に大きな影響を与えた制度であるにもかかわらず、これまできちんと説明されたことがないからだ。

説明されてこなかったのには、もちろん理由がある。いつ、誰が、なんの目的でこの制度を制定したのか、わからないからだ。全国で実施された制度であるにもかかわらず、こうした基本的なことさえわからないのは、まことに不思議なことだ。

一宮制度に対応する仏教の制度として、夢窓疎石《むそうそせき》の勧めによって足利尊氏が全国（六十六国二島）に設けた安国寺があげられるが、これは計画の発端から建設の過程、その結果に至るまで詳細にわかっている。安国寺のモデルとなった国分寺制度についても、そのおおよそのことは記録に残されている。

一宮制度のみなぜ明らかになっていないのであろうか。大げさないい方だが、神道史上最大の謎の一つともいえる。

本書は各国の一宮・二宮・三宮の歴史をたどることによって、この謎の制度の秘密に迫ろうというものである。

くわしくは本文を読んでいただきたいが、一宮だけではなく三宮まで視野を広げて展望することによって、一宮制度がたんなる神社のランキングではなく、国衙《こくが》（国司の執務施設）と密接に連携した宗教統治システムであったことを立体的に検討している。また、各国ごとの安泰・繁栄を祈るための制度でありながら、国家鎮護のための機構でもあることを、外敵退散の霊威をもつ神功《じんぐう》皇后《こうごう》・八幡神（応神天皇）の信仰との関わりから探求してみてもいる。

残念ながら筆者の力量では一宮制度の謎を解き明かしたとはいいがたく、先人の研究に頼り切った著作になってしまった。だが、それでも一宮の制度と信仰を知るために必要な最低限の情報は網羅できたと愚考している。

一宮制度のことを知ることは、制度に関わった神社に対する理解が深まるだけではなく、神社というものの意義を考える上で大いに役立つ。一宮巡拝をされている方はもちろん、神社めぐりを趣味とされている方にもぜひ読んでいただきたいと考えている。

前置きが長くなったが、一宮とはなにかを再考することから話を始めることにしたい。

平成二十七年六月　　渋谷申博

諸国神社　一宮・二宮・三宮

目次

中部・北陸地方

愛知県・静岡県・山梨県・岐阜県・長野県・福井県・石川県・富山県・新潟県

中国地方

四国地方

徳島県・香川県・愛媛県・高知県

第三章

装丁・デザイン・有限会社グラフ
地図作成　曽根田栄夫
資料提供　飛驒一宮水無神社
編集協力　有限会社洛思社

第一章　「一宮」とは何か
―その成立過程と歴史

謎に満ちた一宮

『新訂全国地名駅名よみかた辞典』（日外アソシエーツ、二〇〇六年）を見てみると、「一宮」がつく地名（「一の宮」「一ノ宮」「一之宮」を含む）は全部で二十九あげられていた。たとえば、愛知県一宮市一宮・愛知県豊川《とよかわ》市一宮町・兵庫県宍粟《しそう》市一宮町・兵庫県淡路《あわじ》市一宮町・山梨県笛吹《ふえふき》市一宮町・熊本県阿蘇《あそ》市一の宮町といったものである。そして、これらの土地には実際に「一宮」称号をもつ神社が鎮座している。

では、その一宮とはなにかというのが本章のテーマなのだが、その説明は簡単なようで実は難しい。

まず、参考までに手近にある歴史辞典を引いてみよう。そこでは「一宮」はこのように説明されている。

「平安後期から中世にかけて行われた社格で、その国の第一位の神社。（以下略）」（『角川新版日本史辞典』一九九六年）

いくつか補足説明が必要だろう。

まず「社格」であるが、これは神社の格式のことをいう。一般的には延長《えんちょう》五年（九二七）に完成した『延喜式《えんぎしき》』（律令《りつりょう》の施行細則集）に掲載されているかどうかを表わす「式内社《しきないしゃ》」「式外社」が用いられることが多い。式内社はさらに官幣大社《かんぺいたいしゃ》・官幣小社・国幣大社《こくへいたいしゃ》・国幣小社の四種に分類される（明治の社格制度では官幣社・国幣社をそれぞれ大社・中社・小社に分ける）。また、祭神の神位・神階（朝廷から神に与えられた位階）をもって神社の格式とすることもある。右の歴史辞典は「一宮」もそうした社格の一種だというのである。

次に「国」だが、言うまでもなくこれは日本国や英国などの国ではない。伊勢国《いせのくに》や紀伊国《きいのくに》などの古代から中世にわたって用いられた行政区画のことで、令制国または律令国ともいう。その数には変遷があり、大宝《たいほう》元年（七〇一）の『大宝律令《たいほうりつりょう》』では五十八国三島であったが、天長《てんちょう》元年（八二四）には六十八国（もしくは六十六国二島）に増えている。

さて、補足が長くなってしまったが、先の辞典の記述に戻ろう。

「その国の第一位の神社」という説明は、一見とても明瞭なように思える。しかし、深く考えるといろいろなことが曖昧だということがわかる。たとえば、その神社が第一位ということを、いったい誰が、どのような基準で決めたのか。また、なぜそのような社格が必要とされたのか、右の説明は語っていない。

こうした説明不足は小辞典であるために省略されたのではない。それらのことはわからないので、書きたくても書けないのだ。

なぜわからないかというと、一宮には国分寺《こくぶんじ》のように「制度」の創始に関わる史料が存在していないからだ。「国分寺建立の詔《みことのり》」に相当するようなものが存在していれば、成立時期がはっきりするし、表向きにしろその目的もわかるのだが、一宮の成立については詔も神祇官符《じんぎかんぷ》も出されていない。

各地の一宮の歴史を調べてみると、国分寺のように全国一斉に始まったものではなく、地域ごとに独自に始まったように思われる。「制度」の充実度も国によって異なり、一宮の下に二宮・三宮……とそろっているところもあれば、一宮しかないところもある。

このため一宮制は国分寺制のように朝廷によって定められたものではなく、地方的制度だと考える人もいる。また、制度と呼べるほど機能していなかったのではないかとする人もいる。

しかし、たんなる地方的な「制度」であるならば、曲がりなりにもすべての国に存在しているのはなぜだろうか。中央からの強制がないのであれば、一国や二国くらいは制度をもたないところがあっても不思議ではないのではなかろうか。地域によって名称が違っているといったこともあってもいいはずだ。

謎はそればかりではない。選定基準も明瞭ではない。いったいなにをもって「一位」としたのであろうか。

たとえば、尾張国では三種の神器のひとつである草薙神剣《くさなぎのみつるぎ》を神体とする熱田《あつた》神宮が、由緒からいっても祭神の神階からいっても一番の座にふさわしいように思える。ところが、実際には真清田《ますみだ》神社が一宮で、熱田神宮は三宮なのである。ここから、由緒や神階とは別の価値基準があったと思われるが、それを書き記した史料は残されていない。

似たような事情はほかの国でも見られ、一宮選定の統一的基準というものが見出しにくい状況になっている。これは二宮以降の神社についてもいえることだ。

どうしてこのような事態になったのか。それを探るには神社制度の歴史をたどる必要がある。

神祇官制度と官国幣社

神社はその歴史の始まりから政治に関わっていたと考えられる。その土地の神を祀るということと、その土地を治めるということは、密接に関係していたからだ。天皇の権威が三種の神器で象徴されるように、古代日本の各地域を治めていた支配者たちの権威も土地の神の霊威によって保証されていた。

日本を統一した大和朝廷は、全国の神々の祭祀権を掌中にすることにより、政治・軍事の面だけではなく、精神の面でも諸国を支配下に置こうとした。そのために設置された行政組織が神祇官であった。

神祇官は太政官《だいじょうかん》とともに律令機構の根幹をなした役所で、実質的には太政官の下位にあったが、名目上は二官八省の首位とされていた。ここからも朝廷がいかに神社統治を重視していたかがわかる。

朝廷は諸国の主要な神社を神祇官に所属する官社とし、そこに仕える神職を祝部《ほふりべ》という官人に任じた。そして、官社は神祇官に倣って祈年祭《きねんさい》・月次祭《つきなみさい》・新嘗祭《にいなめさい》などを行なうこととし、その幣帛《へいはく》（供物・祭祀料）を受け取るために各神社の祝部は神祇官に出仕することとした。これを班幣《はんぺい》という。神祇官で幣帛を受け取った各神社の祝部は地元に戻って神祇令《じんぎりょう》に定められたとおりに祭儀を行ない、天皇中心の神話（『古事記』『日本書紀』で語られているもの）に基づく祝詞《のりと》を唱えた。

これによって『古事記』『日本書紀』の神話（記紀神話）が普及し、全国の神社の行事の共通化が進むことになった。各地で独自に成立・発展してきた神社は、神祇官制度によって国家祭祀に直結することとなり、ひとつの共通した信仰であるという意識が抱かれるようになっていったのである。言い換えれば、神祇官制度によって、地域ごと、あるいは氏族ごとの信仰であったものが、神道というひとつの宗教へと発展したのである。

班幣制度が確立したのは『大宝律令』が施行された八世紀初頭頃と考えられるが、官社の数はその後も増えていった。しかし、その一方で班幣制度はしだいに形骸化していった。

地方の神社の祝部にとって神祇官まで赴くのは負担が大きかったため、しだいに出仕する数が減っていったのである。また、朝廷側にとっても全国の神社に幣帛を与えることは大きな費用がかかるものであったので、こうした状況をあえて放置した。

延暦《えんりゃく》十七年（七九八）、統一的な班幣制度の維持を断念した朝廷は、これを官国幣社制度として再編した。これは官社を従来どおり神祇官から幣帛を受け取る官幣社と国衙《こくが》（国の役所）で受け取る国幣社に分けるもので、それぞれをさらに大社と小社に区分した。すなわち、一部の有力神社を除いて、地方の神社の管理を国衙に委ねたのであり、その結果、各地の主要神社と国衙との結びつきが強くなっていったのである。

ちなみに、『延喜式』の「神名帳」には二八六一社が載せられているが、このうち官幣社は五七三社、国幣社は二二八八社となっている。

明神と二十二社、一代一度大神宝奉献

官国幣社制度への切り替えとほぼ同じ頃から名神《みょうじん》への奉幣《ほうへい》（天皇が神社へ幣帛を奉ること）が増えていった。名神とはとくに霊威の強い神のことで、祈雨・止雨や怨敵退散といったことに強い霊験を現わすと信じられた。

こうしたことは、朝廷が全国の神社を一元的に統轄することより、天皇や朝廷を守護し利益をも

たらす神を祀ることに意義を見出すようになったことを表わしている。律令制が衰退し、朝廷の権限が弱まったことが、こうした朝廷の内向きの傾向の背景にあった。そして、それは「二十二社」の制定へと発展していくのである。

二十二社とは王城（都）を守護する霊威神として朝廷から特別の崇敬を受けた二十二の神社のことで、具体的には伊勢神宮・石清水八幡宮《いわしみずはちまんぐう》・賀茂《かも》神社（上賀茂《かみがも》・下鴨《しもがも》神社）・松尾《まつのお》大社・平野《ひらの》神社・伏見稲荷《ふしみいなり》大社・春日《かすが》大社・大原野《おおはらの》神社・大神《おおみわ》神社・石上《いそのかみ》神宮・大和《おおやまと》神社・広瀬《ひろせ》神社・龍田《たつた》大社・住吉《すみよし》大社・日吉《ひよし》大社・梅宮《うめみや》大社・吉田《よしだ》神社・廣田《ひろた》神社・祇園社《ぎおんしゃ》（八坂《やさか》神社）・北野天満宮《きたのてんまんぐう》・丹生川《にゅうがわ》上《かみ》神社・貴布禰《きぶね》（貴船）神社のことをいう。

ただし、当初から二十二社だったのではなく、十六社から順次増えていき、永保《えいほう》元年（一〇八一）に二十二社で確定した。

一宮や惣社《そうじゃ》（総社）（国内の神社の祭神をまとめて祀る神社）の制度が成立したのは十一世紀末から十二世紀初頭にかけてと考えられているので、二十二社の確立時期と近接していることになる。ここから二十二社と一宮・惣社の制度は、神祇官制度に替わるものとして生み出されたものではないかと推測することができる。

両者の間に直接的な関係があったとする史料は残されていないが、それを示唆するものとして一《いち》代一度《だいいちど》大神宝奉献《だいじんぽうほうけん》がある。一代一度大神宝奉献は新たな天皇が即位した時に伊勢神宮をはじめとする諸国の五十社に特別の宝物を奉納することで、仁和《にんな》四年（八八八）に始まるとされる。この五十社の中に二十二社は十三社、一宮は二十九社含まれていることから、大神宝奉献神社であることが二十二社や一宮に選ばれる基準のひとつであった可能性が高い。

このように十一世紀以降、神社制度が大きく変貌していくのだが、そのきっかけとなったのが平将門《たいらのまさかど》と藤原純友《ふじわらすみとも》によって日本の東西で起こされた兵乱、承平《しょうへい》・天慶《てんぎょ》の乱（九三五〜九四一）であった。これらの乱は天皇を中心とした国家の存立を根底から揺るがすものであったため、皇族・貴族や国衙に勤める在庁官人らは強い危機感を抱くことになった。彼らの特権的な地位も各種の権益も国家の枠組みが維持されてこそのことであったからだ。その崩壊の危機に直面して、彼らは神祇官制度に代わる新たな国家守護の制度を生み出す必要に迫られたのである。

一宮制度の展開

一宮の選定では国を鎮護する力が大きなポイントになったと思われるが、国の実際的な行政権を握っていた国衙の在庁官人らの意向も強く働いたものと思われる。このため、社格が高く、霊威があるとされる神社が国内にあっても、それ以上に国衙との関係が深い神社がある場合は、そちらが一宮となることも起きた。たとえば、名神大社であった氷川《ひかわ》神社を差し置いて式内小社であった小《お》野《の》神社が一宮となった武蔵《むさし》国なども、こうした理由によるものと考えられる（近世には氷川神社が一宮の地位を得た）。

二宮以下の選定については、いくつかのケースが考えられる。二宮以下が存在しない国は、一宮の権威が絶対的であった場合と、制度があまり機能せず形式的なものに近かった場合があると思われる。二宮のみがあるところは、一宮と二宮が緊密な関係にある場合が多い。事実上一つの神社であった若狭《わかさ》国が典型的な例であるが、淡路《あわじ》国や長門《ながと》国なども二社が一体となって機能していたとみられる。三宮以降がそろっている国は、国内の有力氏族が国衙を中心に結束していたものと思われる。

なお、一宮制度には荘・郷・村レベルのものもあり、冒頭にあげた一宮の地名の中にはこれらに由来するものもある。

鎌倉時代においても一宮制度は維持されたが、政権の中心が京と鎌倉の二つに分離してしまったため、国家鎮護のシステムとしての意義が薄れ、一時的な衰退期に入った。ところがモンゴル軍の来襲（元寇《げんこう》、文永《ぶんえい》・弘安《こうあん》の役）という国家的危機に直面して、再び脚光を浴びることとなった。

すなわち、幕府も朝廷も国の鎮守としての一宮に大きな期待を寄せたのである。朝廷は武蔵・上野《こうずけ》・伊豆《いず》・若狭・美作《みまさか》・肥後《ひご》などの一宮に敵国降伏の祈祷を命じたほか、宇佐《うさ》神宮（豊前《ぶぜん》国）や大山祇《おおやまづみ》神社（伊予《いよ》国）などでも元寇退散の祈祷が行なわれ、霊威を示したと伝えられている。

しかし、時代が戦国に向かい国衙の機能が失われてしまうと、一宮制度も存在意義を失い、社格の高さを示すだけの称号になり果てていった。そして、地域によってはその存在すら忘れられたのであった。

一宮が再発見されるのは近世に入ってからのことであった。神道家や国学者の神道研究の中で注目されるようになったのである。その先駆となったのが橘三喜《たちばなみつよし》の『一宮巡詣記《いちのみやじゅんけいき》』であった（室町後期から近世にかけて神道界を掌握した吉田家には、南北朝頃に原本が書かれたと推測される「大日本一宮記」と称される一宮のリストが伝承されていたが、秘書扱いされ、近世まで一般には知られていなかった）。

橘三喜は延宝《えんぽう》三年（一六七五）から元禄《げんろく》十年（一六九七）にかけて全国の一宮を巡詣し、各国の一宮の現状を記録するとともに、その祭神や歴史に関する考察を書き残した。残念なことに『一宮巡詣記』は抜粋本しか現存していないが、一宮研究の貴重な基礎資料となっている。また、橘三喜は、近年また盛んになってきた一宮巡拝の先達ともいえる。彼以前には一宮は西国三十三所霊場などのように巡拝するものではなかった。

国学者の伴信友《ばんのぶとも》が天保《てんぽう》十二年（一八四二）に著わした『神社私考』にも、一宮についての論じた章がある。神祇官や国司から国内神社への通達を便利にするための制度ではないかと推察するなど、近代的な一宮研究につながる論考となっている。

畿内				
伊勢国	伊勢神宮	官幣大社	二十二社	
宮中	園韓神社（そのからかみのやしろ）	名神大社		
山城国	石清水八幡宮	式　外	二十二社	
	賀茂社	名神大社	二十二社	一宮
	伏見稲荷大社	名神大社	二十二社	
	松尾大社	名神大社	二十二社	
	平野神社	名神大社	二十二社	
	大原野神社	名神大社	二十二社	
大和国	春日大社	名神大社	二十二社	
	大和神社	名神大社	二十二社	
	大神神社	名神大社	二十二社	一宮
	石上神宮	名神大社	二十二社	
	率川（いさがわ）神社	官幣小社		
河内国	恩智神社	名神大社		二宮
	枚岡神社	名神大社		一宮
摂津国	住吉大社	名神大社	二十二社	一宮
	大依羅（おおよさみ）神社	名神大社		
	生田神社	名神大社		
	長田神社	名神大社		
東海道				
伊勢国	多度大社	名神大社		（一宮）＊
尾張国	熱田神宮	名神大社		三宮
駿河国	富士山本宮浅間大社	名神大社		一宮
伊豆国	三嶋大社	名神大社		一宮
下総国	香取神宮	名神大社		一宮
常陸国	鹿島神宮	名神大社		一宮
東山道				
近江国	日吉大社	名神大社	二十二社	
美濃国	南宮大社	名神大社		一宮
信濃国	諏訪大社	名神大社		一宮

上野国	一之宮貫前神社	名神大社		一宮
下野国	二荒山神社	名神大社		一宮
陸奥国	鹽竈神社	名神大社		一宮
出羽国	鳥海山大物忌神社	名神大社		一宮
		北陸道		
若狭国	若狭彦神社	名神大社		一宮
越前国	氣比神宮	名神大社		一宮
加賀国	白山比咩神社	国幣小社		一宮
能登国	気多大社	名神大社		一宮
		山陰道		
出雲国	熊野大神社	名神大社		
	杵築大社（出雲大社）	名神大社		一宮
		山陽道		
播磨国	伊和神社	名神大社		一宮
美作国	中山神社	名神大社		一宮
備中国	吉備津神社	名神大社		一宮
安芸国	嚴島神社	名神大社		一宮
		南海道		
紀伊国	日前・国懸神宮	名神大社		一宮
伊予国	大山祇神社	名神大社		一宮
		西海道		
筑前国	宗像大社	名神大社		
	住吉神社	名神大社		一宮
	香椎宮	式外社		
筑後国	高良大社	名神大社		一宮
豊前国	宇佐神宮	名神大社		一宮
肥前国	阿蘇神社	名神大社		一宮

岡田莊司編『日本神道史』による
＊近年の研究により多度大社が伊勢国一宮である説が有力になった。

第二章　全国一宮・二宮・三宮の歴史

《凡例》

本書で取り上げる一宮について

巻頭史論で述べたように一部の国では一宮制度に変遷や盛衰があり、どの神社が一宮かわからなくなっているところがある。また、数社が一宮の地位をめぐって紛争になった国もある。それゆえ、文献によって一宮のリストには異同がある。

本書では現存する最古の一宮リストである『大日本一宮記』をベースとし、最近の研究成果を参考にして見出しとして取り上げる神社を選択した。ただし、一宮は今も信仰の対象であるので、その神社が現在も一宮として参詣者を受け入れているのかも考慮した。武蔵国の見出し神社を小野神社ではなく氷川神社としたのも、こうした理由による。もちろん、本来の一宮は小野神社であったと推察されることを本文において言及している。他の国についても同様である。

なお、一宮の配列は五畿七道（畿内の五国と東海道・東山道・北陸道・山陰道・山陽道・南海道・西海道のこと）の順とすることが伝統的に行なわれてきた。たとえば、『大日本一宮記』には次のように書かれている（神社名などは『続神道大系』の表記による。ただし、原典には五畿七道の小見出しと順番を示す数字はない）。

《畿内》

一　山城国　鴨太明神・加茂太明神
二　大和国　三輪大明神
三　河内国　平岡大明神
四　和泉国　大鳥神社
五　摂津国　住吉神社

《東海道》

一　伊賀国　敢國神社
二　伊勢国　都波岐神社
三　志摩国　伊射波神社
四　尾張国　大神社（真墨田神社）
五　参河国　砥鹿大明神
六　遠江国　己等乃麻知神社
七　駿河国　浅間大明神
八　伊豆国　三島大明神
九　甲斐国　浅間神社
十　相模国　寒川神社
十一　武蔵国　氷川神社
十二　安房国　安房神社
十三　上総国　玉前神社
十四　下総国　香取神社
十五　常陸国　鹿嶋神社

《東山道》

一　近江国　建部神社
二　美濃国　南宮神社
三　飛驒国　水無神社
四　信濃国　南方刀美神社
五　上野国　抜鋒大明神
六　下野国　二荒山神社
七　陸奥国　都々古和気社
八　出羽国　大物忌神社

《北陸道》

一　若狭国　遠敷大明神

二　越前国　氣比神社

三　加賀国　白山比咩神社

四　能登国　氣多神社

五　越中国　氣多神社

六　越後国　伊夜日古社

七　佐渡国　渡津神社

《山陰道》

一　丹波国　出雲社

二　丹後国　籠神社

三　但馬国　出石神社

四　因幡国　宇倍神社

五　伯耆国　倭文神社

六　出雲国　杵築宮

七　石見国　物部神社

八　隠岐国　由良比咩社

《山陽道》

一　播磨国　伊和神社

二　美作国　中山神社

三　備中国　吉備津宮

四　安芸国　伊都岐嶋神社

五　周防国　玉祖神社

六　長門国　住吉神社

《南海道》

一　紀伊国　日前國懸宮

二　淡路国　伊佐奈岐神社

三　阿波国　大麻比古神社

四　讃岐国　田村社

五　伊予国　大山祇神社
六　土佐国　都佐神社

《西海道》
一　筑前国　筥崎宮
二　筑後国　高良玉垂神
三　豊前国　宇佐宮
四　豊後国　西寒多神社
五　肥前国　與止日女神社
六　肥後国　健磐龍神社
七　日向国　都農神社
八　大隅国　鹿児嶋神社
九　薩摩国　和多都美神社
十　壱岐国　天手長男神社
十一　対馬国　和多都美社

しかし、この配列では現代人には馴染みがなく、わかりにくいので本書では地域別の配列とした。その上で伝統的な配列における位置もわかるように、たとえば寒川神社には「東海道　10」という表示をつけて、東海道の十番目にあげられていることを示した。

一宮

賀茂別雷神社

◉かもわけいかづちじんじゃ

所在地＝京都市北区上賀茂本山
主祭神＝賀茂別雷大神《かもわけいかづちのおおかみ》
別　称＝上社、上賀茂神社

一宮

賀茂御祖神社

◉かもみおやじんじゃ

所在地＝京都市左京区下鴨泉川町
主祭神＝加茂建角身命《かもたけつぬみのみこと》・玉依媛命《たまよりひめのみこと》
別　称＝下社、下鴨神社

◎二宮＝なし　◎三宮＝なし

二社一体の一宮

山城国《やましろ》は賀茂別雷神社と賀茂御祖神社の二社が一宮となっている。これは武蔵《むさし》国のように一宮に変遷があったためではない。二社が一体なものとして一宮の地位にあったのである。

一宮制にかぎらず、この二社は一体のものとして扱われることが多かった。王城鎮護の二十二社（「巻頭史論」参照）においても、二社で一社の扱いになっている。

こうした扱いは賀茂社の成り立ちに由来している。賀茂社の由緒としては、『釈日本紀《しゃくにほんぎ》』に載せられている『山城国風土記《やましろのくにふどき》』逸文《いつぶん》がよく知られている。それによると――

賀茂氏の娘、玉依媛《たまよりひめ》が川遊びをしていると、上流から丹塗《にぬ》りの矢が流れてきた。これを家に持ち帰り床に立てておくと、媛は矢に感応して妊娠し、男の子を産んだ。やがて、その子が成人を迎えた時、玉依媛の父の賀茂建角身《かもたけつぬのみ》は宴を催し、孫に「お前の父と思われる者に盃を献じよ」と言った。すると、その子は盃を持ったまま、天井を破って天に昇っていった。ここからこの神のことを外祖父の姓をとって賀茂別雷命《かもわけいかづちのみこと》と呼ぶようになった。また、丹塗りの矢は乙訓《おとくに》の郡《こおり》（長岡京《ながおかきょう》市）の社に鎮座する火雷神《ほのいかづちのかみ》である。

この神話から上賀茂には火雷神の御子神とされる神が、下鴨にはその母神と外祖父神が祀られていることがわかる。なお、この話の前段では賀茂建角身が、神武《じんむ》天皇を熊野《くまの》から大和に案内した神だとしており、ここから『古事記』『日本書紀』の神話に登場する八咫烏《やたがらす》と同一視されている。

このように関係の深い神を祀る二つの神社を一つの神社のように扱うことは賀茂社に限ったことではなく、ほかの地域でも見られる。もっとも有名なものが内宮と外宮からなる伊勢神宮であるが、若狭《わかさ》国の若狭彦《わかさひこ》神社（上社）と若狭姫《わかさひめ》神社（下社）も遠敷明神《おにゅうみょうじん》と呼ばれて一社の扱いを受けていた。紀伊国の日前《ひのくま》神宮・国懸《くにかがす》神宮も二つの神社とされているが、境内も一体化しており事実上は一社となっている。淡路《あわじ》国の伊弉諾《いざなぎ》神宮と大和大国魂《やまとおおくにたま》神社、長門《ながと》国の住吉《すみよし》神社と忌宮《いみのみや》神社も一体の

賀茂別雷神社の中門

関係ではなかったかといわれている。

これらの神社は伊勢神宮を除き一宮・二宮に選ばれているので（日前・国懸神宮は二社ともに一宮）、一宮選定となにがしかの関係があったのかもしれない。

皇祖神に準じる扱い

社伝によると、賀茂別雷神社は天武《てんむ》天皇七年（六七八）に社殿が造られたのだという。文献の上では『続日本後紀《しょくにほんこうき》』承和《じょうわ》十五年（八四八）の条の記載が初見となる。

『風土記』の神話からもわかるように、賀茂社は賀茂氏の祖神を祀る神社であったと思われる。その霊威は奈良時代から朝廷に伝わっていたようだが、平安遷都以降、その地位は急速に上昇していった。

賀茂御祖神社の境内

当初は京の地主神として崇敬されたのだろうが、間もなくそれを超えた扱いを受けるようになった。嵯峨《さが》天皇の御代（八〇九～八二三）の頃には、未婚の皇女が賀茂神に奉仕する斎院《さいいん》の制度が定められるとともに、賀茂祭（葵祭《あおいまつり》）が天皇直轄祭祀とされた。とくに斎院の制度は重要だ。これは伊勢神宮におかれた斎宮の制度とほぼ同じものであり、賀茂社が伊勢神宮に準ずる扱い、すなわち皇祖神に準じる扱いを受けたことを表わしている。その理由として、薬子《くすこ》の乱に際して嵯峨天皇が戦勝を祈願して霊験を得たことによるのではないかといわれている。

こうしたことから賀茂社は王城鎮護の二十二社として扱われることが多く、一宮としては機能していなかったものと思われる。

一宮

大神神社

◉おおみわじんじゃ

所在地＝奈良県桜井市三輪
主祭神＝大物主神《おおものぬしのかみ》

◎二宮＝なし　◎三宮＝なし

三輪山をめぐる二つの神話

大神神社は三輪山《みわやま》を御神体とする神社である。この山に鎮座する神が大和朝廷にとって重要な存在であったことは、「記紀」の神話にたびたび語られていることからも推察される。それらのなかでも朝廷との関係を知るうえで重要と思われるのが、次の二つの神話である。

一つは、国土開発の協力者である少彦名命《すくなひこなのみこと》が常世《とこよ》の国に去ってしまったため落胆していた大国主神《おおくにぬしのかみ》（大己貴神《おおなむちのかみ》）の前に、海を照らしながら現われたというものだ。その神（大物主神《おおものぬしのかみ》）は大国主神に、「わたしのことをよく祀《まつ》るのならば、ともに国造りを行なってあげよう。そうしなければ、国造りは成し遂げられないぞ」と言った。そこで大国主神がどのように祀ればよいかを尋ねると、「大

大神神社の拝殿

和にある青々とした山に祀るとよい」と答えたので、この神を大和の御諸山《みもろやま》（三輪山）に鎮座させたという。『日本書紀』は、大物主神は大国主神に対して「私はお前の幸魂《さきたま》・奇魂《くしたま》なり」と言ったと伝えている。

もう一つは第十代天皇の崇神《すじん》天皇の御代の話とされる。当時、疫病が大流行し、国の民がみな死に絶えてしまいそうな事態となった。その理由を知ろうと天皇が占いの床で眠ったところ、大物主神が夢に現われて、「疫病は我が意思によるものである。子孫の意富多多泥古《おおたたねこ》に祀らせれば祟《たた》りはやむだろう」と言った。そこで意富多多泥古を探し出して祀らせると、疫病は収まり、国に平安が訪れたという。

天皇が祀れない大和の守護神

森瑞枝によると、「ヤマト朝廷の王は元来は三輪山の土地の神を祭っていた」（井上順孝編『ワードアップ神道』）とするが、これらの神話は三輪山の神が大和地域の守護神であり、朝廷の政治に深く関わっているにもかかわらず、天皇が直接祭祀することはできないことを表わしている。高天原の神とは対立関係にあった大国主神の分身と語られるところも謎めいている。『古事記』は神武《じんむ》天皇の妃の伊須気余理比売《いすけよりひめ》は大物主神の娘だとしているが、これも皇室と三輪山の神の微妙な距離を示唆しているようだ。

そうした背景はあるものの一貫して朝廷を守護する神として信仰され、大神神社とその摂社である狭井《さい》神社で行なわれる鎮花祭・三枝祭は、朝廷が奉物を奉るべき令制祭祀とされた。また、二十二社の一社に選ばれている。

このため一宮としてはあまり機能していなかったようだ。一地域の鎮守ではなく国家の守護神であったということもあるだろうが、中世期の大和国は藤原氏の氏神・氏寺であった春日大社《かすがたいしゃ》＝興福寺《こうふくじ》が行政権をも握るほどの勢力をもっていたので、国のことには関与する余地がなかったとも考えられる。

その一方で、平等寺・大御輪寺といった神宮寺を中心に両部神道《りょうぶしんとう》（真言宗系の神道説）の流れを

三輪山の遠望

くむ三輪流神道が説かれるなど、布教活動は盛んであった。そういったこともあって、その信仰は庶民の間にも広がり、水神・醸造・疫病除けの神として広く崇敬を受けた。とくに酒造の神としての霊験は有名で、今も全国から酒造業者が良酒製造を祈願するために訪れる。

なお、大神神社は今も本殿をもたず、拝殿から御神体である三輪山を拝するようになっている。これは社殿建築が普及する以前の信仰の形を今に伝えるもので、ここから「日本最古」の神社と称されることもある。

一宮

枚岡神社

◉ひらおかじんじゃ

所在地＝東大阪市出雲井町
主祭神＝天児屋根命《あめのこやねのみこと》・比売御神《ひめみかみ》・経津主命《ふつぬしのみこと》・武甕槌命《たけみかづちのみこと》

二宮

恩智神社

◉おんぢじんじゃ

所在地＝大阪府八尾市恩智中町
主祭神＝大御食津彦命《おおみけつひこのみこと》・大御食津姫命《おおみけつひめのみこと》（豊受姫命《とようけひめのみこと》）

◎三宮＝なし

春日大社の本宮

枚岡神社は平岡神社とも書き、中臣氏《なかとみ》（後の藤原氏《ふじわら》）の氏神社であった。社伝によると、即位前の神武天皇《じんむ》が国土平定のために東征していた折、天種子命《あめのたねこのみこと》に命じて神津嶽《かみつだけ》に中臣氏の祖神の天児屋根命《あめのこやねのみこと》・比売御神《ひめみかみ》の二神を祀らせたのが始まりとされる。山麓の現地に移されたのは白雉《はくち》元年（六五〇）のことだという。

神護景雲《じんごけいうん》二年（七六八）に天児屋根命・比売御神の分霊を奈良の春日山に移し、鹿島《かしま》神宮の武甕《たけみか》槌命《づちのみこと》と香取《かとり》神宮の経津《ふつ》主命《ぬしのみこと》と合祀して春日大社を創建したのに伴って、当社にも武甕槌命・経津主命が祀られた。その後、朝廷の崇敬も受けるようになり、二十二社の一社として選ばれた。

しかし、春日大社が藤原氏の氏神社として発展し、京に大原野《おおはらの》神社（春日大社の分霊を祀った神社）が創建されたこともあって、しだいに藤原氏の氏神社としての性格は薄れていった。

枚岡神社の本殿

二宮は存在したか

『中世一宮制の基礎的研究』は「中世の恩智《おんぢ》社が河内国二宮であったことを示す確かな史料や徴証が存在するわけではない。（略）中世の河内国には二宮以下は存在しなかったと考えるべきであろう」（井上寛司「河内国」）としているが、恩智神社の祭神が天児屋根命《あめのこやねのみこと》の五代子孫とされることや、祭神が神功皇后《じんぐうこうごう》の新羅《しらぎ》遠征を住吉大神《すみよしのおおかみ》とともに守護したという神話（摂津国参照）を伝えていることを考えると、二宮に選ばれていても不思議ではない。

一宮

大鳥大社

◉おおとりたいしゃ

所在地＝大阪府堺市西区鳳北町
主祭神＝日本武尊《やまとたけるのみこと》・大鳥連祖神《おおとりのむらじのおやがみ》
別　称＝（大鳥神社）

二宮

泉穴師神社

◉いずみあなしじんじゃ

所在地＝大阪府泉大津市豊中町
主祭神＝天忍穂耳尊《あめのおしほみみのみこと》・栲幡千々姫命《たくはたちぢひめのみこと》

三宮

聖神社

◉ひじりじんじゃ

所在地＝大阪府和泉市王子町
主祭神＝聖神《ひじりのかみ》

ヤマトタケル神話の神社

和泉国は一宮制が発展しており、五宮まであった。これら五社（大鳥大社・泉穴師神社・聖神社・積川《つがわ》神社・日根《ひね》神社）は和泉国五社と呼ばれ、一体になって活動していた。

その中心となってきた大鳥大社は、日本武尊《やまとたけるのみこと》伝説の伝承地の一つだ。日本武尊は景行《けいこう》天皇の皇子で、日本神話随一の英雄神。九州の熊襲《くまそ》などを平定したが、伊吹山《いぶきやま》で神の祟りにあって三重の能《の》

大鳥大社の拝殿

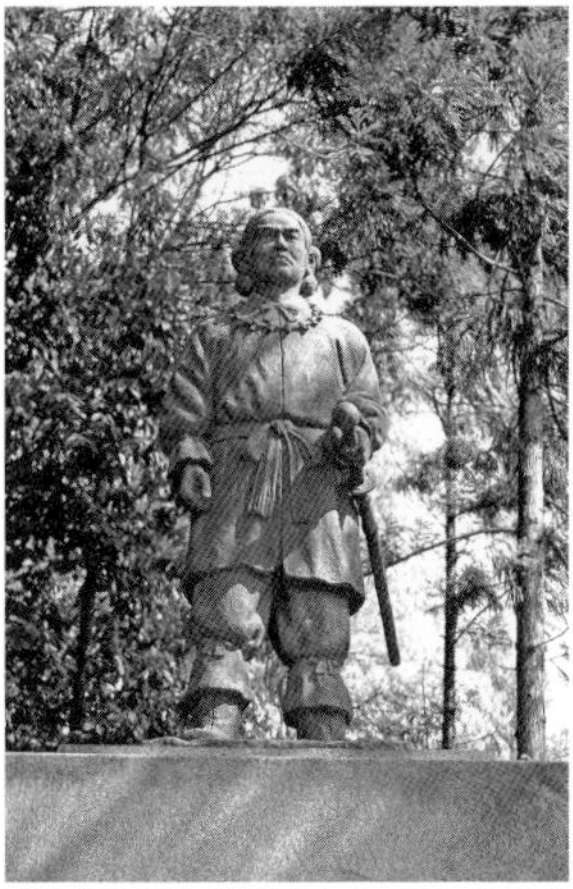

日本武尊像

褒野《ぼの》に没したという。死後、その魂は白鳥になったとされ、この地に舞い降りたと伝えられる。

しかし、本来はこの地を本貫（本籍地）とする大鳥連《おおとりのむらじ》の祖神を祀る神社で、そこにヤマトタケル信仰が採り入れられたものだろう。なお、大鳥連祖神は天児屋根命《あめのこやねのみこと》の子孫という。

全国の大鳥神社の本宮で、十一月の酉《とり》の日に開かれる酉の市には多くの参詣者が集まる。

泉穴師神社の拝殿

二宮　泉穴師神社

天平時代に社領が下賜された記録が残る古社で、神社の公式ホームページには農業の神・天《あめの》忍《おし》穂《ほ》耳尊《みみのみこと》と紡織の神・栲幡《たくはた》千《ち》々《ち》姫命《ひめのみこと》の御夫婦二柱の神を祀るとある。また、「古来より、幼児虫封じに霊験あらたかと云われ、参拝者多数ございます」ともしている。

天忍穂耳尊・栲幡千々姫命の二神は高天原から降臨した天孫・邇《に》邇《に》芸命《ぎのみこと》の両親であるが、社号の「穴師」は季節風に由来する言葉であるらしく、元来は風の神を祀っていた可能性がある。

聖神社の境内

三宮　聖神社

信太《しのだ》大明神ともいった。式内社《しきないしゃ》で聖神を祀る。聖神は須佐之男命《すさのおのみこと》の孫神で暦の神とされる（「ひじり」は「日知り」の意と解されることから）が、神社では農業の神として祀ったとしている。安倍晴明《あべのせいめい》の母とされる信太狐《しのだぎつね》の故郷ともいわれる。聖神は暦を司る神でもあるので、安倍氏などの陰陽師とも関わりがあったものと考えられ、ここから信太妻の伝説と安倍晴明が結びつけられたものかもしれない。

一宮

住吉大社
◉すみよしたいしゃ

所在地＝大阪市住吉区住吉
主祭神＝主祭神　住吉大神《すみよしのおおかみ》（底筒男命《そこつつのおのみこと》・中筒男命《なかつつのおのみこと》・表筒男命《うわつつのおのみこと》）、神功皇后《じんぐうこうごう》

◎二宮＝なし　◎三宮＝なし

三柱からなる海の神

住吉大社および各地の住吉神社で祀られる住吉大神は三柱の神の総称である。『古事記』によると、黄泉国《よみのくに》から戻った伊邪那岐命《いざなぎのみこと》がケガレを落とすために海で禊《みそぎ》を行なった時に、海の底で底筒男命、中ほどで中筒男命を、海面で表筒男命を生んだのだという。しかし、個々に個性があるわけではなく、住吉神という一つの神格として活動する。一人の老人として描かれることもある。

誕生神話からもわかるように海の神で、もとは九州の海洋族が信仰していた神だと思われる（筑《ちく》前《ぜん》国一宮である福岡市の住吉神社は全国の住吉神社のなかでもっとも古いとされ、住吉大社の古記録においても住吉大神のことを「筑紫大神」と呼んでいるものがある）。

住吉大社の第二本宮

余談であるが、海の神は三柱で一つの神格をなしている例が多い。住吉大神とともに神功皇后の遠征を守護したとされる宗像《むなかた》大社の祭神も三柱の女神であるし、住吉大神とともに生まれたとされる綿津《わたつ》見神《みのかみ》も底津《そこつ》綿津見神・中津《なかつ》綿津見神・上津《うわつ》綿津見神という三柱からなる。一説では、住吉大神が三柱であるのは、航海の目印にしたオリオン座の三つ星に由来するともいう。

神功皇后守護の神

一部の研究者はこの信仰を畿内に持ち込んだのは応神朝ではないかと推測しているが、神話の上では応神天皇の母の神功皇后との結びつきが強い。「記紀」が語るところによると、住吉大神は神功皇后の新羅遠征を守護したという。

『日本書紀』は、和魂《にぎみたま》は神功皇后の命を守り、荒魂《あらみたま》は先鋒となって敵を打ち負かしたと語る。
住吉大社が創建されたいきさつについては『日本書紀』に記述がある。忍熊王《おしくまのみこ》が反乱を起こした時に、「わが和魂を大津の渟名倉《ぬなくら》の長狭《ながお》に鎮座させなさい。そうすれば船の往来を見守ってあげよう」という住吉大神の託宣があったため、神功皇后が社を建てたというのである。この「大津渟名倉長狭」がどこかについては議論があるが、現在の大阪市住吉区だろうというのが定説となっている。

こうした由緒から航海・渡海守護の神として信仰され、遣唐使《けんとうし》派遣に際しては奉幣《ほうへい》が行なわれた。また、国家鎮護の軍神としても崇敬され、二十二社に選ばれている。

ちなみに、長門《ながと》国一宮となっている住吉神社の創建神話も『日本書紀』にある。新羅への遠征から戻った時に、住吉大神が神功皇后に下した「わが荒魂を穴門《あなと》の山田邑《やまだのむら》に祀れ」という託宣に従って建てられたものだというのである。

興味深いのは、全国で六十六ある一宮のうち三社が住吉神社となっていることだ。大した数ではないと思われるかもしれないが、圧倒的に数が多い稲荷神社や天満宮の分社が一つも入っていないことを考えると大きな数字といえる。しかも、いずれもが神功皇后の遠征ゆかりの地に鎮座している。

これに神功皇后の皇子である応神天皇を祭神とする八幡宮を加えると六〜八社ほどになる（一宮

であったのか疑問が呈されているものがあるので数が確定しない）。越前国の氣比《けひ》神宮、但馬《たじま》国の出石《いずし》神社、因幡《いなば》国の宇倍《うべ》神社、周防《すおう》国の玉祖《たまのおや》神社、筑前国の筥崎《はこざき》宮、筑後国の高良《こうら》大社、薩摩国の新田《にった》神社、壱岐国の天手長男《あまのたながお》神社、対馬国の海神《わたつみ》神社。日向《ひゅうが》国の都農《つの》神社なども神功皇后ゆかりの神社と伝えられので、その数は全一宮の二割を超える。

神功皇后信仰もしくは八幡信仰が一宮制度に関わっていたという証拠はない。しかし、その選択の基準に含まれていたと考えるのが穏当ではないだろうか。

国宝の本殿

通例、神社の本殿は拝殿の奥にあって参詣者は近寄ることができないが、住吉大社は国宝の本殿を間近で拝することができる。この本殿の建築様式は住吉造《すみよしづくり》といい、伊勢神宮の神明造《しんめいづくり》、出雲大社の大社造《たいしゃづくり》に並ぶ古いものとされる。内部が二室に分かれているのが特徴で、天皇の即位儀礼に用いられる大嘗宮《だいじょうぐう》との類似が指摘されている。

また、四つの本殿はL字形に並んでいるが、これは海を渡る船団を模しているとも、一つは三柱の神を祀る巫女《みこ》が籠もる建物を起源とするともいわれている。

❖伊賀国《いがのくに》——東海道1

一宮

敢國神社

◉あえくにじんじゃ

所在地＝三重県伊賀市一之宮
主祭神＝大彦命《おおひこのみこと》・少彦名命《すくなひこなのみこと》・金山比咩命《かなやまひめのみこと》

二宮

小宮神社

◉おみやじんじゃ

所在地＝三重県伊賀市服部町
主祭神＝呉服比売命《くれはとりひめのみこと》

三宮

波多岐神社

◉はたきじんじゃ

所在地＝三重県伊賀市土橋
主祭神＝大鷦鷯尊《おおさざきのみこと》（仁徳天皇）

「あべ」一族の祖神を祀る

敢國神社の主祭神である大彦命は孝元《こうげん》天皇の皇子で、崇神《すじん》天皇によって四方に派遣された四人の将軍（四道将軍）の一人とされる。北陸・東海を平定したのち、一族の者とこの地に住み着き、地名をとって阿拝《あえ》氏を名乗ったという。各地の「あべ」（阿部・安倍・安部など）氏はその子孫とされ、敢國神社は「あべ」一族の総祖神といわれている。

しかし、大彦命が正式に祭神になったのは明治七年（一八七四）のことで、一宮に選ばれた中世期には少彦名命と金山比咩命を祀る神社と考えられていたようだ。少彦名命は大国主命とともに国土を開発した神であるが、この地では渡来系氏族の秦氏が崇敬していたという。金山比咩命は美濃《みの》国一宮の南宮《なんぐう》大社（金山彦命を祀る）より神託により分霊を迎えたのだという。美濃から金工の技術集団が移り住むといった事情が背景にあるのかもしれない。

敢國神社の境内から拝殿を望む

二宮・三宮について

二宮の小宮神社については詳細は不明。現在の祭神は紡織・衣服の神だが、かつては諏訪大社の神とも信じられていた。敢國神社とも関係の深い甲賀三郎《こうがさぶろう》（地下世界をめぐったという伝説上の人物）の信仰を伝える神社とする説もある。

三宮の波多岐神社は仁徳《にんとく》天皇を祀る。由緒などは不明だが、伊賀には仁徳天皇を祀る神社がほかにもあるので、その中心的存在だったのかもしれない。

伊勢国《いせのくに》——東海道2

一宮

椿大神社

◉つばきおおかみやしろ

所在地＝三重県鈴鹿市山本町
主祭神＝猿田彦大神《さるたひこのおおかみ》

一宮

都波岐奈加等神社

◉つばきなかとじんじゃ

所在地＝三重県鈴鹿市一ノ宮町
主祭神＝猿田彦大神《さるたひこのおおかみ》

一宮

多度大社

◉たどたいしゃ

所在地＝三重県桑名市多度町多度
主祭神＝天津彦根命《あまつひこねのみこと》

◎二宮＝不詳　◎三宮＝不詳

ふたつの「つばき」神社

言うまでもなく、伊勢国は伊勢神宮の鎮座地である。伊勢神宮はすべての神社の上に立つ存在であるが、皇位の継承に関わる別格の神社であったため一宮の対象外であった。その一方で、伊勢国の大部分を治めていた（全十三郡中、八郡が神宮の所領である神郡とされた）ため、一宮制度はあまり機能していなかったと思われる。

そういったなかにあって、伊勢国の一宮は「つばき」神社だというのが、近世以降の定説であった。しかし、それがどの神社かについては、議論があった。伊勢国には「つばき」と名のつく神社が二つあったからだ。たとえば、『大日本国一宮記』には「都波岐神社　猿田彦神也、伊勢河曲郡」とあるが、『一宮巡詣記』を書いた橘三喜は椿大神社を一宮としている。

『大日本国一宮記』は中世以降の神道界で指導的な立場にあった吉田家（卜部《うらべ》氏）に伝えられた記録に基づくもので、原典は南北朝にさかのぼるという。一方、椿大神社についても、「奉施入一宮山本椿大明神」と書かれた奥書をもつ十四世紀後半の『大般若経』の写経が残されている（奥書は後世のものである可能性もある）。

椿大神社は鈴鹿山系の中央に位置する入道ヶ嶽（高山《たかやま》）を神体山とする古社で、社伝によれば垂《すい》仁《にん》天皇二十七年に創建されたという。『延喜式』にその名を記された式内社で、天平二十年（七四八）成立の『大安寺《だいあんじ》伽藍《がらん》縁起《えんぎ》并《ならびに》流記《るき》資材帳』に記されているのが文献上の初見とされる。

いっぽう都波岐神社は雄略《ゆうりゃく》天皇二十三年の勅《みことのり》により奈加等神社とともに創建されたとされる古社で、『延喜式』では小社として記録されている。社伝では空海が参籠したことがあるともいう。

なお、明治時代に奈加等神社と合併したため、現在は都波岐奈加等神社が正式な社号になっている。

どちらが一宮か

このように識者の間で意見が分かれていたが、椿大神社のほうが蓋然性が高いと思われていた。『大日本国一宮記』が都波岐神社を一宮としていることについても、古記録を写す時に「椿宮」の読みとして書かれていた「都波岐」を社号と混同させたことによるのではないかともされた。

これに対し大林太良氏は「私は椿大神社と都波岐神社とは対として考えるべき神社ではないか、と思っている」とし、「鈴鹿の椿大神社の猿田彦命は山の神であるのに対し、河曲の都波岐神社では、猿田彦命は海の神なのである」と考察している（『私の一宮巡詣記』）。山城国のところで述べたように、対となる神社が二社で一宮となる、あるいは一宮と二宮を占める例が五つほど知られているので、これはとても興味深い指摘といえる。しかし、対となっている神社が同じ神を違う性質のものとして祀ることがありうるのだろうか。祭神の検討も含めて再検証が必要だろう。

多度大社一宮説

ところが近年、多度大社を一宮とする史料が複数発見されたことより、多度大社が当初の一宮ではなかったかとする説が有力になってきた。岡野友彦氏は次のように述べている。

「これは亡失した古代中世の『伊勢国神名帳』の様子を伝えていると思われる近世の『伊勢国恵日山観音寺神名帳』において、伊勢国内の大社を掲げる「当国十一所」が、「多度大神《たどのおおかみ》　阿射加太神《あさかのおおかみ》　稲生太神《いのうのおおかみ》　椿太神《つばきのおおかみ》　長谷太神《ながたにのおおかみ》　太苗代太神《おおなわしろのおおかみ》　福隅太神《ふくすみのおおかみ》　中跡太神《なかとのおおかみ》　賀保太神《かふのおおかみ》　丹生内太神《にうないのおおかみ》　丹生外太神《にうげのおおかみ》」という順番で記されていることによるものであるが、この推測を敷衍すれば、中世前期において伊勢国一宮は多度神社、二宮は松阪（一志郡）の阿射加神社、三宮は鈴鹿（奄芸郡）の伊奈富神社、四宮は椿大神社であったということになるだろう」（「研究ノート　中世多度神社祠官小串氏について」『中世一宮制の歴史的展開』上）

椿大神社の拝殿

都波岐奈加等神社の鳥居

多度大社の本宮

一宮

伊雑宮

◉いざわのみや

所在地＝三重県志摩市磯部町上之郷
主祭神＝天照坐皇大御神御魂《あまてらしますすめおおみかみのみたま》

◎二宮＝なし　◎三宮＝なし

伊射波神社は伊雑宮か

志摩国の一宮に関するもっとも古い記録は『大日本国一宮記』の「伊射波神社　志摩答志《とうし》郡」とあるものだという。「伊射波」は「いざわ」と読むと思われるが、志摩国には二つの「いざわ」神社が存在し、いずれもが一宮を称していた。

その一つが伊雑宮であるが、ここは伊勢神宮内宮《ないくう》の別宮である。天照大神遙宮《とおのみや》とも呼ばれており、本来は神宮の遙拝所であったと思われる。一方、伊射波神社は古くは加布良古《かぶらこ》神社と呼ばれており、それ以前は荒前《あらさき》神社と呼ばれていたらしい。

このことについて岩田貞雄氏は「志摩国に一宮が二社あった理由の確たる資料はないが、伊雑宮が伊勢神宮の別宮兼官社であったから、民社で同じ祭神の当社を一宮にせざるをえない状況が生じたからか、または神領再興を叫ぶ伊雑宮神人に手をやく鳥羽藩が、伊雑宮への対抗上、また神人の優越感を削ぐ意味で、もう一つの一宮をつくったのかもしれない」（『全国一宮祭礼記』）としている。

海辺の農耕神

鎌倉時代に成立した『倭姫命世記《やまとひめのみことせいき》』によると、志摩国は天照大神の神霊を伊勢に運んだ倭姫によって神宮の御贄地《みにえどころ》（食料を調達する地）に定められたという。そして、根元は一株だが末は千の穂になっている稲を真鶴がくわえていたという奇瑞から、その地に社を造り、天照大神の神霊を祀ったとされ、これを伊雑宮の起源とする。

実際、志摩国は朝廷に海産物を献上する御食国《みけつくに》とされていたが、伊雑宮は創建神話からもわかるように農耕と関係が深い。社殿に隣接して神宮の御料田《ごりょうでん》があり、ここで毎年六月二十四日に行なわれる御田植祭は日本三大御田植祭の一つとされる。

しかし、志摩国には田は少なく、伊勢国や尾張国に志摩国の口分田《くぶんでん》が置かれていた。おそらく伊雑宮は当初、海産物を司る神を祀っていたのだろう。それが天照大神を主祭神としたため、その農耕神的性格も受け入れることとなったのではなかろうか。

一宮

日前神宮・國懸神宮

◉ひのくまじんぐう・くにかかすじんぐう

所在地＝和歌山県和歌山市秋月
主祭神＝日前大神《ひのくまのおおかみ》（日前神宮）・國懸大神《くにかがすのおおかみ》（國懸神宮）

◎二宮＝不詳　◎三宮＝不詳

三つの論社をもつ国

紀伊国の一宮は日前神宮・國懸神宮（以下、日前・國懸神宮と略す）の二社とするのが一般的な説である。たとえば、『大日本国一宮記』も『一宮巡詣記』もこの説をとっている。

しかし、自らこそが一宮だと主張する神社がほかにも二社あった（このような神社を「論社《ろんしゃ》」という）。伊都郡かつらぎ町の丹生都比売《にうつひめ》神社と和歌山市伊太祈曾《いたきそ》の伊太祁曾《いたきそ》神社である。まず、その二社について検討してみることにしよう。

丹生都比売神社は高野山の地主神である丹生都比売大神を祀る。丹生は朱砂《しゅしゃ》（丹、硫化水銀）を産出する場所の意で、朱砂・水銀の採掘に携わる一族が奉斎した神という。また、空海に高野山の開発を許したとも伝えられ、金剛峯寺《こんごうぶじ》の鎮守としても信仰されてきた。この丹生都比売神社を一宮とする文書は、弘安《こうあん》八年（一二八五）の「金剛峯寺衆徒《しゅと》等申状」が現存最古とされる。こうしたことから、一宮であるとの主張は金剛峯寺の権威を高めるための自称であった可能性が高い。

一方、伊太祁曾神社のほうは事情がやや複雑だ。それというのも、社伝によると伊太祁曾神社は日前・國懸神宮に鎮座地を譲って現在地に遷座したというからだ。なぜそのような社地交換が行なわれた（と語られている）のか不明だが、日前神宮とともに国造《くにのみやつこ》が奉斎する神社であったという記録もあり、密接な関係があったことは確かなようだ。

社地交換の神話を日前神宮と國懸神宮の神を奉斎する一族が伊太祁曾神社の神を祀る一族を追いやった歴史の反映と考える研究者もいるが、それにしては両社は近接している。この二社の関係はもっと良好なもの、たとえば来訪神とそれを出迎えた神といったものではなかったろうか。

伊太祁曾神社の社地は中世以降、根来寺《ねごろじ》の所領となっているので、高野山と根来寺の対立が丹生都比売神社と伊太祁曾神社の対立に及んで、伊太祁曾神社も一宮であると主張するようになったとも考えられる。事実、日前・國懸神宮と丹生都比売神社との間では一宮の地位をめぐる争論があったが、伊太祁曾神社との間にはなかったようだ。

ちなみに、伊太祁曾神社は素盞嗚尊《すさのおのみこと》の御子で全国に木を植えた神といわれる五十猛命《いたけるのみこと》を主祭神としている。

日前神宮

なぜ二社の神社なのか

日前・國懸神宮は日前神宮と國懸神宮という二つの神社からなっている。しかし、その境内は隣接しており、実質的に一つの神社といってよい。歴史的に見ても、両社は一体のものであり、別々に成立した神社がある時期に一体となったというようなものではない。

『日本書紀』や『古語拾遺《こごしゅうい》』などによると、両社の起源は天照大神の天の岩屋隠れに遡るという。この時、神々は集まって相談をし、天照大神を誘い出すために大神の姿を映す鏡を鋳造することにした。鋳造は二度行なわれ、最初に造られたものが日前神宮の神体、二度目のものは伊勢神宮の神体となったという。

『日本書紀』の「神代」や『古語拾遺』には日

國懸神宮

前神のことしか述べていないが、のちの記録では両宮は一つのものとして扱われている。こうしたことは山城国の賀茂社（賀茂別雷《かもわけいかづち》神社・賀《か》茂《も》御祖《みおや》神社）と共通しており、両宮の神が親子や夫婦といった密接な関係にあったことを示唆していると思われる。すでに何度かふれたことであるが、一宮に選ばれている神社にはこうした関係を有するものが少なくない。そうした神（神社）が一国の鎮守にふさわしいと思われたのであろうか、今後の検討が必要だろう。

創建の由来からもわかるように、当社は伊勢神宮に準じる神社として別格の扱いを受けてきた。朝廷からの奉幣《ほうへい》があっても神位神階の授与はなされなかったのもそのためで、それだけ位の高い神と受け止められていたのである。

一宮

出雲大神宮

◉いずもだいじんぐう

所在地＝京都府亀岡市千歳町出雲
主祭神＝大国主命《おおくにぬしのみこと》・三穂津姫命《みほつひめのみこと》

◎二宮＝なし　◎三宮＝なし

元出雲と呼ばれる古社

丹後国の籠神社《このじんじゃ》が「元伊勢《もといせ》」と呼ばれるのに対し、丹波国の一宮は「元出雲《もといずも》」と呼ばれる。その由来は『丹波国風土記《たんばのくにふどき》』の逸文《いつぶん》とされるものに、「和銅《わどう》年間（七〇八～七一五）に大国主命《おおくにぬしのみこと》の神霊を杵築《きつき》に移した。これが今の出雲大社である」という旨の記事があることによる。

しかし、出雲大神宮の本来の祭神は、神体山である御蔭山《みかげやま》の神だったと思われる。御蔭山には古代の祭祀遺跡と思われる巨石（磐座《いわくら》）や古墳が点在しており、重要な聖地であったことが推察される。一説では山頂の磐座は国常立尊《くにのとこたちのみこと》が降臨した地であるとし、出雲大神宮も国常立尊を祀る神社であったとする。また、三穂津姫命は国常立尊に奉仕した巫女で、没後は御蔭山に葬られたともいわれる。なお、保津川の名は三穂津姫に由来するという。

雨乞いの霊験で知られる

ただ、この地が出雲と大和をつなぐ地政上の要所であったことも疑いなく、大和側から見た出雲への入口と捉えられていても不思議ではない。『徒然草《つれづれぐさ》』に「丹波に出雲といふ所あり。大社をうつして、めでたく造れり」とあるように、鎌倉時代には出雲大社の分祠と受け取られていたようだ。

当社が一宮に選ばれたのは、国内の大社のうちでもっとも高位にあった（『延喜式』の名神大社で、神位は九一〇年に正四位上）ことに加え、国衙《こくが》に近かったからであろうが、雨乞いに霊験があることでも知られていた。万寿《まんじゅ》二年（一〇二五）には国司が『大般若経』の読経による祈雨の祈禱を命じている。

現在は粥占《かゆうら》の神事で知られている。一月十五日の小正月に行なわれるもので、小豆粥《あずきがゆ》に三本の篠竹を入れて米の豊凶を占う。竹筒の中に小豆より米が多く入れば豊作になるといわれている。

一宮

籠神社

◉このじんじゃ

所在地＝京都府宮津市字大垣
主祭神＝彦火明命《ひこほあかりのみこと》

◎二宮＝不詳　◎三宮＝不詳

伊勢神宮発祥の地？

丹波国のところでも述べたように、丹後国一宮の籠《この》神社は「元伊勢」と呼ばれている。それは次のような神話に基づいている。

もともと天照大神の神霊は宮中で祀られていたが、その神威の大きさを畏《おそ》れた崇神《すじん》天皇は、神体(八咫鏡《やたのかがみ》)を笠縫邑《かさぬいむら》に移すこととした。その後、丹波の吉佐宮《よさのみや》に移り、ここで豊受大神《とようけのおおかみ》より饗応を受けた。さらに垂仁《すいにん》天皇の御代には、天照大神の神霊を奉じた倭姫命《やまとひめのみこと》が鎮座するのにふさわしい場所を求めて各地をめぐり、ついに伊勢の地に鎮まることが決まった。豊受大神も天照大神の神託により丹波から伊勢に移り、天照大神の御饌都神《みけつかみ》(食事の神)として外宮《げくう》に祀られることになった。

この神話でいう丹波の吉佐宮が籠神社に当たるとし、伊勢神宮内宮《ないくう》・外宮の神が伊勢に鎮まる前に留まった場所であることから「元伊勢」と呼ぶというのである。また、豊受大神が伊勢に移ってしまったので、神社は祭神を彦火明命《ひこほあかりのみこと》に変えたとされる。

なお、彦火明命は天照大神の孫で皇祖神である邇邇芸命《ににぎのみこと》の兄。籠神社の所伝では豊受大神の神霊が宿った鏡をもって丹後に降臨し、籠神社で豊受大神を祀っていたという。

山幸伝説と羽衣伝説

日本三景の一つ、天橋立《あまのはしだて》に隣接していることもあって、籠神社にはさまざまな神話・伝説が伝えられている。社号の由来についても、山幸彦《やまさちひこ》(彦火火出見尊《ひこほほでみのみこと》)が海神《わたつみ》の宮に赴く時に籠に乗っていったことによるとも、塩土翁《しおつちのおきな》(山幸彦に海を渡る籠を与えた神)が捕らえた天女が鳥籠から光を放つように見えたからともいう。いずれも、海に関わる神話であることが注目される。

なお、籠神社は惣社も兼ねていたという説がある。これが事実だとすると、とても興味深いことである。丹後国の宗教的権威が籠神社に集中していたことになるからだ。

一宮

伊和神社

◉いわじんじゃ

所在地＝兵庫県宍粟市一宮町須行名
主祭神＝大己貴神《おおなむちのかみ》

二宮

荒田神社

◉あらたじんじゃ

所在地＝兵庫県多可郡多可町加美区的場
主祭神＝少彦名命《すくなひこなのみこと》・木花開耶姫命《このはなのさくやひめのみこと》・素盞嗚命《すさのおのみこと》

三宮

住吉神社

◉すみよしじんじゃ

所在地＝兵庫県加西市北条町北条
主祭神＝酒見神《さかみのかみ》・底筒男命《そこつつのおのみこと》・中筒男命《なかつつのおのみこと》・表筒男命《うわつつのおのみこと》・神功皇后《じんぐうこうごう》

伊和氏が祀る大神

播磨国の一宮が伊和神社とすることに異論はないようだ。その祭神、伊和の神については、『播《はり》磨国風土記《まのくにふどき》』に記述がみられる。たとえば、次のようなものである。

「伊和の村。大神、酒をこの村に醸しき。故、神酒《みわ》の村といふ。又、於和《おわ》の村といへり。大神、国作り訖《お》へて後、おわと云ひておがみき」

伊和神社の本殿

この神話は地名（社号）の由来譚ともなっている。すなわち、伊和大神が国土の開発を終え、「ああ、終わった」と言ったことから、「おわ」（いわ）と呼ばれるようになったというのである。

　こうした神話から伊和大神は国造りの神と考えられる。そこから大己貴神《おおなむちのかみ》（大国主命《おおくにぬしのみこと》）と同一視され、伊和神社もこの説をとって主祭神を大己貴神としているが、『播磨国風土記』は伊和大神と大汝命《おおなむちのみこと》（大己貴神）を書き分けているので、本来は別の神だと思われる（余談であるが、『播磨国風土記』に登場する大汝命は糞便を我慢して遠くへ歩こうとするなど剽軽《ひょうきん》な神として描かれており、記紀神話の大国主命とは印象が違う）。

　伊和大神はこの神を奉斎していた伊和氏の祖神であったのだろう。伊和神社の周囲にそびえる花咲山などの山が、その神体であったに違いない。これらの山を祭祀対象として行なわれる一つ山祭（二十年に一度）と三つ山祭（六十年に一度）という祭は、古い信仰の形を伝えていると思われる。

なお、『風土記』に大汝命の神話が語られることからもわかるように、播磨国は出雲の影響が強いところであった。大和朝廷側にとって播磨は、古代の先進文化地帯であった出雲の文物や技術を採り入れる場所だったのであろう（丹波国にも同様のことがいえる）。そして、伊和大神はそうした播磨国を治める神として、畏《おそ》れられ重視されてきたのに違いない。

軍神・伊和大神

平安時代も後期に入ると日本国内の文化的均質化が進み、出雲文化に対する畏敬の念のようなものは薄れていった。それに伴って伊和大神に対する信仰も変質していった。伊和大神は神功皇后の新羅出兵に随行した軍神といわれるようになったのである。たとえば、『峰相記《ほうそうき》』という南北朝時代の播磨の地誌には、「一宮伊和大明神は素盞嗚尊《すさのおのみこと》第一の皇子大己貴尊《おおなむちのみこと》、白山妙理権現《はくさんみょうりごんげん》と顕《あらわ》れ坐《いま》す。爰《ここ》に神功皇后三韓をせめ給ひし時、副将軍として彼の戦場に向ひ坐す」と述べられている。

こうしたことの背景には播磨における武士勢力の増大が考えられようが、注意されるのは神功皇后を助けた神だと語られることである。「巻頭史論」や摂津国のところで述べたように、一宮制度は神功皇后やその皇子である応神天皇（八幡神）の信仰と関係が深い。丹後国一宮の籠《この》神社も中世には祭神が神功皇后の遠征を守護した住吉神と同体だといわれたことを考え合わせると、一宮となったことによって神功皇后信仰と結びつき、軍神化していったものと思われる。

影の薄い二宮・三宮

天理図書館が所蔵する吉田家本と呼ばれる鎌倉時代の『延喜式』写本の裏書きに、「一宮伊和社、二宮荒田《あらた》社、三宮酒見《さかみ》社、四宮白国社、五宮高岡」とあることから、播磨国には五宮まであったことが知られる（井上寛司『日本中世国家と諸国一宮制』）。この順位と社号は『峰相記』などの史料によっても確認できるのだが、伊和神社が広く信仰を集める神社であるのに対し、二宮以降の存在感はきわめて薄い。五位までの位づけはあったものの、実質的には伊和神社のみで機能していたのかもしれない。以下、二宮・三宮を簡単に説明しておく。

二宮の荒田神社は大国主命の国造りを助けた少彦名命《すくなひこなのみこと》を主祭神とする。止雨の祈願に霊験を現わしたと伝えられる。

三宮の酒見神社は、現在は住吉神社と呼ばれている。平安末には播磨六ヵ寺の僧侶による五穀豊穣の祈祷が行なわれていた。

一宮

建部大社

◉たけべたいしゃ

所在地＝滋賀県大津市神領
主祭神＝日本武尊《やまとたけるのみこと》

二宮

日吉大社

◉ひよしたいしゃ

所在地＝滋賀県大津市坂本
主祭神＝大己貴神《おおなむちのかみ》・大山咋神《おおやまくいのかみ》ほか

三宮

多賀大社

◉たがたいしゃ

所在地＝滋賀県犬上郡多賀町多賀
主祭神＝伊邪那岐大神《いざなぎのおおかみ》・伊邪那美大神《いざなみのおおかみ》

英雄神を祀る神社

近江国の一宮が建部大社であることに疑いはないようだが、二宮が日吉大社、三宮が多賀大社である確たる証拠はない。近畿圏の多くの国のように、二宮以下はなかったのかもしれない。

建部大社は日本神話随一の英雄というべき日本武尊（倭建命《やまとたけるのみこと》）を祀っている。日本武尊は景行《けいこう》天皇の皇子で、天皇の命により征西を行なって熊襲《くまそ》を討ち、さらに東征して中部・関東の反逆的な

建部大社の境内

神や部族を平定したが、近江の伊吹山《いぶきやま》の神の祟《たた》りにあって三重の能褒野《のぼの》に没したと伝えられる。『日本書紀』によると、日本武尊の死を悼《いた》んだ天皇は「建部《たけるべ》」という名代《なしろ》（王族の功績を後世に伝えることを任とした部族）を創始したとされ、これが建部神社の名の由来とされる。

建部神社は日本武尊の妃と御子が勅命により日本武尊の神霊を祀ったことに始まるといわれ、現在の地には白鳳《はくほう》四年（六七五）に遷座したと伝えられる。『延喜式』では名神《みょうじん》大社に列せられている。

しかし、建部という名代は武術を事とした一族に授けられたものであるらしく、建部大社は近江を根拠地とした武人一族の守護神を祀る神社であったのだろう。日本武尊の神話にはさまざまな武神・英雄神の神話が統合されているといわれるが、そのなかには建部大社の本来の祭神の神話も含まれているに違いない。言い換えれば、日本武尊は武人たちの理想の姿であり、最高の守護神であったのである。この信仰は後世の武士たちにも受け継がれ、建部大社は武門の守り神として崇敬を受けてきた。

瀬田の唐橋を守る神

英雄神・日本武尊が瀬田に祀られたのは、単にこの地が建部氏の根拠地であったからではない。戦略上重要な拠点を守護するという意味もあった。

琵琶湖の最南部に架かる瀬田《せた》の唐橋《からはし》は東海道・東山道と京（平安京だけではなく、それ以前の都も含む）を結ぶ交通の要地である。都を掌握できるかはこの地を攻略できるかにかかっているといっても過言ではなく、壬申《じんしん》の乱（六七二年）以降、しばしば激戦が行なわれてきた。

こうした地に皇族の英雄神を祀ることは、宮城を防衛する意味でも、また東海道・東山道の先にある東国を平定する意味でも重要だったのだろうと思われる。

延暦寺と結びついた山の神

先に述べたように、近江国の二宮・三宮が日吉大社・多賀大社であるのか確かではない。しかし、いずれも近江を代表する大社なので、その概要を説明しておくことにしよう。

日吉大社は全国にある日吉神社・日枝《ひえ》神社の総本宮にあたり、比叡山《ひえいざん》（日枝山）を神域としている。比叡山の神については『古事記』に「次に大山咋神、亦《また》の名は山末之大主神《やますえのおおぬしのかみ》。この神は近《ちか》つ淡海《あうみ》（近江）国の日枝の山に坐し、また葛野《かづの》の松尾に坐《ま》して、鳴鏑《なりかぶら》を用《も》つ神ぞ」と書かれており、大山咋神が本来の御祭神であることがわかる。大己貴神が祭神に加わったのは天智《てんじ》天皇七年

日吉大社の東本宮

日吉大社の西本宮

多賀大社の境内

（六六八）のことで、近江大津京遷都に合わせて都の守護神として大和国一宮の大神《おおみわ》神社から勧請されたという。

日吉大社が勢力を伸ばすのは最澄《さいちょう》が比叡山に延暦寺《えんりゃくじ》を創建してからで、天台宗と一体となって発展し、日本の宗教界に大きな影響力をもった。

お伊勢の両親を祀る神社

「お伊勢参らばお多賀も参れ、お伊勢お多賀の子でござる」という俗謡があるが、これは伊勢神宮の御祭神である天照大神《あまてらすおおみかみ》が多賀大社に祀られる伊邪那岐大神《いざなぎのおおかみ》・伊邪那美大神《いざなみのおおかみ》の子であること指している。

その起源は古く、『古事記』に「その伊邪那岐大神は淡海の多賀に坐《いま》すなり」とあるのは当

三宮という説もある御上神社の拝殿

社のことを指すといわれている。歴史的にも天平神護《てんぴょうじんご》二年（七六六）に神封《じんぷ》（神社に与えられた俸禄としての納税者）が与えられたことがわかっている。

鎌倉時代には犬山郡の総鎮守となり、室町幕府の保護も受けた。室町中期以降は坊人・修験者がその信仰を広めたこともあって庶民の参詣が増え、「お伊勢参らば」などの俗謡が歌われるようになった。

なお、三宮は近江富士と呼ばれる三上山（滋賀県野洲《やす》市三上）に鎮座し、国土開発の神である天之御影命《あめのみかげのみこと》を祀る御上《みかみ》神社とする説もある。

一宮

伊弉諾神宮 ◉いざなぎじんぐう

所在地＝兵庫県淡路市多賀
主祭神＝伊弉諾尊《いざなぎのみこと》・伊弉冉尊《いざなみのみこと》

二宮

大和大国魂神社 ◉やまとおおくにたまじんじゃ

所在地＝兵庫県南あわじ市榎列上幡多
主祭神＝大和大国魂《やまとのおおくにたまのかみ》

◎三宮＝なし

伊弉諾尊の陵の上に建つ神社

淡路島は古代日本、とくに大和朝廷にとって重要な「聖地」であった。なぜなら淡路国は、伊弉諾尊（伊邪那岐大神）・伊弉冉尊（伊邪那美大神）が行なった国生みで最初に生み出された国土であるからだ。そして、伊弉諾尊の神霊が鎮まったところともされている。『日本書紀』はこう述べる。

「幽宮《かくれみや》を淡路の洲《くに》に構《つく》りて、寂然《しずか》に長く隠れましき」

もともと伊弉諾神宮の社殿は伊弉諾尊の陵（墓）の前に建てられていたが、明治時代に神域の整備が行なわれ、陵の上に本殿が建つ形に改められた。

『延喜式』神名帳には「淡路伊佐奈伎神社」の名で名神大社として記されているが、多賀神社・一宮《いちのみや》皇大神宮《こうたいじんぐう》とも呼ばれている。中世には二宮の大和大国魂神社とともに法華会・桜会といった儀礼を行なっており、両社が一体となって活動していたことが知られる。

ヤマトの魂を祀る神社

「国魂（玉・霊）」がつく社号をもつ神社は各地に存在している。簡単にいえば、その土地を神として祀る神社のことである。したがって、大和大国魂神社は大和の土地の神霊を祀る神社ということになる。淡路国なのに大和とは妙に思えるが、淡路島が大和朝廷にとって精神的始原の地であったことを考えれば少しも不思議ではない。つまり、ここでいう「ヤマト」とは大和国のことではなく、大和朝廷の大和、出雲に対する大和なのである。

奈良県天理市の大和神社《おおやまとじんじゃ》（大和坐大国魂神社《やまといますおおくにたま》）の神霊を五世紀に勧請したともいわれるが、中世には伊弉諾尊・伊弉冉尊の神霊を祀る神社と信じられていた。おそらくは、国魂を地母神と受け取り、日本の国土を生んだ伊弉冉尊と同一視したのだろう。そして、伊弉諾尊を主祭神とする伊弉諾神宮と対になる神社と受け取られたものと思われる。

尾張国《おわりのくに》――東海道4

一宮　**真清田神社**　◉ますみだじんじゃ
所在地＝愛知県一宮市真清田
主祭神＝天火明命《あめのほあかりのみこと》

二宮　**大縣神社**　◉おおあがたじんじゃ
所在地＝愛知県犬山市宮山
主祭神＝大縣大神《おおあがたのおおかみ》

三宮　**熱田神宮**　◉あつたじんぐう
所在地＝愛知県名古屋市熱田区神宮
主祭神＝熱田大神《あつたのおおかみ》

なぜ熱田神宮が三宮か

本書は「一宮」を主役とした本であるが、ここでは熱田神宮が三宮になった理由を考えるところから始めたいと思う。そのことが一宮制度の成立や地域への定着を考える上で有意義だと思えるからだ。

まず熱田神宮について概観しておこう。『日本書紀』『尾張国風土記《おわりのくにふどき》』などが伝える伝説によれば、

真清田神社の境内

熱田神宮は日本武尊《やまとたけるのみこと》が宮簀媛《みやすひめ》に預けていった草薙《くさなぎの》神剣《みつるぎ》を神体とする社で、東海の代表的な大社である。かつて尾張で「宮」といえば熱田神宮のことを意味した。東海道の宮宿はまさに熱田神宮の門前町であった。神位神階も常に国のトップで、真清田神社・大懸神社がこれに続いた。

三種の神器の一つが神体となっている（宮中に安置されている草薙剣は熱田神宮の神体の分霊とされる）ことや、一代一度大神宝奉献（天皇の代替わりごとに行なわれた特別な奉献）を尾張国で唯一受けていたことなどを考えると一宮になる資格は十分もっていたと思える。それにもかかわらず三宮に甘んじていたのはなぜだろうか。

このことについて井上寛司氏は次のように考

祭されている。「尾張国の場合、最初から一〜三宮が定められたのではなく、初めは一・二宮のみであったのが、その後改めて熱田社が三宮に定められたと考えられることである。(略)尾張国の場合、最初から熱田社を別格として除外した上で、一宮制が成立したのではないかということである。(略)恐らく熱田社では同社が尾張一国規模を超えた、十六社・二十二社にも準ずべき全国的な神社(国家的鎮守)だという自負心があり、尾張国衙もまたこうした認識を共有していたのであろう」(『日本中世国家と諸国一宮制』)。

説得力のある説であるが、真清田神社もたんに繰り上がっただけではなく、一宮に選ばれるそれなりの理由があったものと思われる。

農民の不満を収めた神

真清田神社の祭神は尾張国を開拓した尾張氏の祖神とされる天火明命を祀るとされるが、古くは国常立尊《くにのとこたちのみこと》・大己貴命《おおなむちのみこと》・龍神とする説もあった。

国衙にも近い交通の要衝に鎮座していたことが一宮選定に大きく寄与していたものと思われるが、それだけではなく国内の人々の信仰も篤かった。この件に関して興味深いのは、大江匡衡《おおえのまさひら》が尾張の国司であった時に妻の赤染衛門《あかぞめえもん》が歌を奉納したというエピソードだ。

『赤染衛門集』によると、その頃、国人たちが不満を抱くことがあって農作業を放棄するということはあった。そこで真清田神社に和歌を奉納して祈願したところ、国人たちとの和解がなって田作りが始められたという。神職が仲介役を果たしたということであろうが、真清田神社の権威になら国人も服したといった背景も読み取れる。おそらく熱田神宮は神位は高くても、国人の生活とは遊離していたため、そうした権威はもたなかったのだろう。

これに関連して注目されるのが藤原宗忠《むねただ》の日記『中右記《ちゅうゆうき》』元永《がんえい》二年（一一一九）の記事である。それによると、因幡《いなば》国国司は任国に赴かず一宮の宇倍《うべ》神社への参詣を果たしていなかったため、神の祟りがあるかもしれないと国人たちが恐れていた。そこで急遽下向することになった、という。

こうしたことから、一宮は土地の人々の生活や生業を守る神社であり、それには国司の祭祀が必要とされていたということがわかる。

本宮山に鎮座した神を祀る

大縣神社についても簡単に述べておこう。

祭神の大縣大神も尾張を開拓した神とされ、もともとは濃尾平野を見渡す本宮山《ほんぐうさん》（三河国・遠江国の本宮山とは別の山）の山頂に鎮座していたが、垂仁《すいにん》天皇の御代に現在地に遷座したという。

尾張国では真清田神社とともに熱田神宮に次ぐ地位にあり、朝野の崇敬を集めてきた。近世においては尾張藩の保護を受けた。

一宮　砥鹿神社　●とがじんじゃ

所在地＝愛知県豊川市一宮町西垣内
主祭神＝大己貴命《おおなむちのみこと》

二宮　知立神社　●ちりゅうじんじゃ

所在地＝愛知県知立市西町神田
主祭神＝彦火火出見尊《ひこほほでみのみこと》・鸕鶿草葺不合尊《うがやふきあえずのみこと》・玉依比売命《たまよりひめのみこと》・神日本磐余彦尊《かむやまといわれびこのみこと》（神武天皇）

三宮　猿投神社　●さなげじんじゃ

所在地＝愛知県豊田市猿投町大城
主祭神＝大碓命《おおうすのみこと》

三河全体で信仰された本宮山

社伝によれば、砥鹿神社の祭神・大己貴命（大国主命）は各地をめぐったのちに三河国の本宮山《ほんぐうさん》に鎮座し、三河一帯を開発したという。この本宮山の山頂に建てられた社が砥鹿神社の始まりであるが、大宝《たいほう》年間（七〇一～七〇四）に里宮《さとみや》が本宮山南麓に建てられたとする。現在も本宮山山頂に奥宮、南麓に里宮があり、この二社を総じて砥鹿神社と呼ぶ。本宮山に点在する巨大な磐座《いわくら》（巨石の信仰遺跡）はその信仰が古代にさかのぼることを示しており、伝承を裏書きしている。

いわば本宮山は砥鹿神社の神体山的存在なのであるが、信仰は砥鹿神社の勢力範囲に限らず、三河全体に及んでいる。とくに中世以降は修験者がその信仰を広めたらしい。興味深いのは、その際に三宮の猿投神社などとセットで霊験譚が説かれたらしく、『足助《あすけ》八幡宮縁起』には次のような話が載っている。

砥鹿神社の拝殿

本宮山には怪異のものが三種類出現した。一つは猿の形、もう一つは鹿の姿、さらにもう一つは鬼の姿であった。すなわち、猿形は猿投大明神《さなげだいみょうじん》、鹿形は砥鹿大菩薩《とがだいぼさつ》、鬼形は熊野より回国修行の旅に出た修験者である。

修験者はともかく、他の神社の祭神が根本聖地というべき場所に出没するというのは、通例では考えられないことだ。砥鹿神社と猿投神社の祭神は親子といった深い関係にあると思われていたのだろうか。あるいは、砥鹿神社の神職が鹿、猿投神社の神職が猿、熊野修験者が鬼に扮して行なう儀礼でもあったのかもしれない。

そのいっぽうで、この伝承に二宮の知立神社が登場しないのも気にかかる。次に述べるように知立神社の信仰は、砥鹿―猿投神社とは異なる系列のものであるらしい。足助八幡の縁起に登場しないのはそのためだと思われるが、ではなぜ二宮に選ばれているのだろうか。

すでに何度か述べてきたように、一宮と二宮は一体になって活動することがあるので同系統の信仰の神社であったほうが都合がよい。神位は知立神社のほうが猿投神社より上であったが、神位の上下は一宮制における序列の絶対的な基準ではないことは尾張国でみた通りだ。国衙にとって砥鹿―猿投神社の関係よりも重視されるべき点が知立神社にはあったのだろうか。

東海道に面して鎮座する古社

知立神社は三河国の西のはずれ近くに鎮座している。境内の南側を東海道が走り、すぐ近くに池《ち》鯉《り》鮒《ふ》宿（池鯉鮒は知立からの転訛）もある。

社伝によると、日本武尊が東征の際にこの地で祭祀を行なったことがはじまりとされる。この由緒からすると、砥鹿―猿投神社よりも尾張国の熱田神宮の信仰に近いように思える。現在は神武《じんむ》天皇とその両親、祖父を祀るが、創建当時の祭神はわからない。大伴武日《おおとものたけひ》（大伴氏の祖神）・吉備武《きびのたけ》彦《ひこ》（日本武尊の従者）とする説もあった。近世には池鯉鮒大明神と呼ばれていた。

境内に多宝塔（永正六年＝一五〇九年再建）があるのが大きな特徴だが、神仏分離以前には多くの神社に仏塔が建てられており珍しいものではなかった。鎌倉の鶴岡八幡宮の境内にも大きな多宝塔があった。

日本武尊の兄を祀る

三河国三宮の猿投神社は大碓命を祭神としている。一般には知られていない神名だが、日本武尊(小碓命《おうすのみこと》)の兄である。「記紀」の神話ではただの兄弟としているが、猿投神社の所伝では二人は双子で、大碓命は左利きだったとしている。

実は大碓命は記紀神話であまりいい役回りとなっていない。『古事記』では、父の景行《けいこう》天皇が見そめた美女姉妹を自分のものにしてしまった挙げ句、小碓命に惨殺されている。『日本書紀』では、征西を行なった日本武尊に替わって東征を命じられるが、身を隠してしまったため天皇の叱責を受け、美濃に封じられている。

あるいは「記紀」には残されなかった大碓命の遠征譚が猿投神社の奉斎氏族には伝えられていたのかもしれないが、それを確かめるすべはない。社伝によると、大碓命は猿投山で毒蛇に噛まれて薨去し、山中に葬られたという。四十二歳であったとされる。

もっとも大碓命祭神説は十七世紀までしかさかのぼれず、本来は猿投山の神を祀る神社であったらしい。

❖遠江国《とおとうみのくに》——東海道6

一宮

小國神社

◉おくにじんじゃ

所在地＝静岡県周智郡森町一宮
主祭神＝大己貴命《おおなむちのみこと》

一宮

事任八幡宮

◉ことのままはちまんぐう

所在地＝静岡県掛川市八坂
主祭神＝己等乃麻知比売命《ことのまちひめのみこと》

二宮

鹿苑神社

◉ろくおんじんじゃ

所在地＝静岡県磐田市二之宮
主祭神＝大名牟遅命《おおなむぢのみこと》

二宮

二宮神社

◉にのみやじんじゃ

所在地＝静岡県湖西市新居町中之郷
主祭神＝大物主神《おおものぬしのかみ》

◎三宮＝なし

二つずつある一宮と二宮

遠江国の一宮制度はなかなかやっかいだ。一宮と二宮がそれぞれ二社ずつ存在し、三宮以下は存在していない。越中国のように四社が一宮の地位を主張しあっている国もめずらしいが、こうしたケースもめずらしい。

どうやらこのような形になったのは、四つの神社が地位を争った結果ではなく、もとから成立していた一宮・二宮に対し、新たに勢力を得た二社がわれわれこそが一宮・二宮にふさわしいと主張したことにあるらしい。このことについて湯之上隆氏は小杉達氏の「遠江国一宮考」という論文をもとに次のように述べている。

「当社（事任八幡宮のこと、引用者注）を一宮とするのは、『三河国花祭祭文』を除き、吉田家系統の書で、中世末以来、吉田家が権威を高め、神社界を支配するようになったこと、また当社が東海道沿いに位置していたことから、中央に知られ、権威づけのため吉田家に一宮の認定を依頼したことによるものと考えられる」（『中世諸国一宮制の基礎的研究』「遠江国」）

ここでいう吉田家とは、神道を家職とした卜部《うらべ》吉田家のことをいう。もとは亀卜《きぼく》を司る家柄であったが、室町後期に兼倶《かねとも》が出て吉田神道を創唱すると、神位・神号の授与権や神職の補任権を掌握するようになり、神道界の実権を握った。すなわち、それまで天皇や朝廷の権威に基づいて授けられ

小國神社の境内

ていた神社・祭神の格式（神位神階や一宮などの社格）が、吉田家の意向によって授けられるようになったのである。

湯之上氏らの説が正しいとするならば、中央における神道界の権力構造の変化が、地方の神祇組織の再編を招いた例といえよう。

本宮山に降臨した大己貴神を祀る小國神社

延宝《えんぽう》八年（一六八〇）に書かれた『遠州周智郡一宮記録』によると、欽明《きんめい》天皇十六年（五五五）に本宮山に降臨した大己貴命の神霊を祀ったことが小國神社の始まりという。こう書くと、本書を順に読んでこられた方は「おや？」と思われるかもしれない。「同じような由緒を読んだばかりだぞ」と言われる方もおられるだろう。

事任八幡宮の境内

そう、前項で扱った三河国一宮の砥鹿《とが》神社の創建譚と酷似しているのだ。祭神が大己貴命で、鎮座した山の名前が本宮山というところまで共通している（砥鹿神社の伝説にある本宮山と小國神社の伝説の本宮山は別の山）。

隣接した国のことであるから影響関係もあるだろうが、こうした創建伝説は地域の開発神を祭神とした神社には多く見られるものといえる。一宮のなかでも鳥海山《ちょうかいさん》大物忌《おおものいみ》神社（出羽《でわ》国）や若狭彦《わかさひこ》神社（若狭国）、出雲《いずも》大神宮《だいじんぐう》（丹波《たんば》国）などにも同様の創建伝説がある。

言い換えれば、こうした神はその土地を実際に開発した氏族の祖神・守護神であり、地元と深く結びついた信仰をもっているのである。そして、一宮はそうした開発神を祀る神社から選ばれることが多いのである。

なお、後世の話であるが、元亀《げんき》三年（一五七二）に武田信玄軍が遠江に侵入した時、神主の鈴木重勝は徳川家康への忠誠を守るため、自ら社殿を焼いて武田軍を追い払ったという。その後、家康は社殿を再興し、社領五百九十石を安堵《あんど》したと伝えられる。

「ことのまま」信仰の神社

もう一つの一宮とされる事任八幡宮《ことのままはちまんぐう》のことは『枕草子《まくらのそうし》』にも書かれている。「社は、布留《ふる》の社。生田《いくた》の社。（略）ことのままの明神、いとたのもし。さのみ聞きけむとや言はれたまはむと思ふぞ、いとほしき」と、簡潔ながら印象深い書き方がされている。

「ことのまま」とは「願った言葉のまま」という意味で、願い事をそのままかなえてくれる神と信じられていた。この信仰は歌枕ともなり、『東関紀行』（十三世紀半ば）には「ことのまゝと聞ゆる社おはします。その御前をすぐとて、いさゝかおもひつづけらし。／ゆふだすきかけてぞたのむ今思ふ／ことのまゝなる神のしるしを」と書かれている。

しかし、祭神名の「己等乃麻知」は真実を告げるという意味と考えられ、本来は霊威ある託宣を行なう神であったのだろう。『枕草子』の「さのみ聞きけむとや〜」という一節も、そうしたことを含意していると思われる。

当社は康平《こうへい》五年（一〇六二）に八幡社となり己等乃麻知比売を主祭神からはずしたが、近年古代の信仰の再興を計り、平成十一年に主祭神に復帰させた。

鹿苑神社の鳥居

二宮神社の境内

一宮

富士山本宮浅間大社

◉ふじさんほんぐうせんげんたいしゃ

所在地＝静岡県富士宮市宮町
主祭神＝木花之佐久夜毘売命《このはなのさくやひめのみこと》

二宮

豊積神社

◉とよつみじんじゃ

所在地＝静岡県静岡市清水区由比町屋原
主祭神＝木花之佐久夜比売命《このはなのさくやひめのみこと》

三宮

御穂神社

◉みほじんじゃ

所在地＝静岡県静岡市清水区三保
主祭神＝大己貴命《おおなむちのみこと》・三穂津姫命《みほつひめのみこと》

富士山信仰と浅間神社

「浅間」というと長野県と群馬県の県境にある浅間山のことを連想しがちだが、人を寄せつけぬ荒々しい山のことを表わす言葉で、主に富士山のことをいった。今でこそ富士山は悠然とそびえる霊峰として受け取られているが、古代の人々にとってはいつ噴火するかわからない猛々しい火の山であった。高橋虫麻呂《むしまろ》も「燃ゆる火を雪もち消ち、降る雪を火もち消ちつつ」（『万葉集』）と詠んで

富士山本宮浅間大社の拝殿と本殿

いる。

いったん噴火すれば麓はもちろん、近隣にまで灰や噴石を飛ばして大きな被害を出すことになるので、朝廷もその動静には注目をしていた。そして、噴火したという報告があれば、奉幣《ほうへい》などを行なって神の怒りをなだめ、一日も早い収束を願った。富士山本宮浅間大社の創建も大規模な噴火がきっかけであったという。

『富士山本宮浅間記』によると、孝霊《こうれい》天皇の御代に大きな噴火があり、人々が離散したため周辺の土地がすっかり荒れ果てるという事態が起こった。これを憂えた垂仁《すいにん》天皇は富士山麓で浅間大神を祀らせることにした。これが富士山本宮浅間大社の始まりとされる。

富士山を鎮めるために建てられた社は富士宮市の浅間大社だけではない。噴火のたびに富士山麓周辺に社が建てられ、祭祀が行なわれた。貞観《じょうがん》六年（八六四）の噴火の際には、甲斐《かい》国の国司に浅間神社（甲斐国一宮の浅間神社のことだと思われる）への奉幣が命じられ、それでも被害が広まっているとわかると八代郡や山梨郡にも浅間神社が建立されることとなった。

室町時代になると噴火活動も収まってきたので、信仰登山が盛んになった。山岳修行者はもちろん、庶民も白衣に身を包んで山頂を目指した。山麓の神社はそうした信仰登山の拠点とされ、人々はそこで禊《みそぎ》を行なってから山に入った。

近世になると長谷川角行《はせがわかくぎょう》・食行身禄《じきぎょうみろく》らによって組織された富士講《ふじこう》が民衆の間に富士山信仰を広め、富士登山はますます盛んになっていった。

富士山本宮浅間大社の歴史

『富士山本宮浅間記』は神社が現在地に遷座したのは大同《だいどう》元年（八〇六）のことだとする。平城《へいぜい》天皇の勅命を受けた坂上田村麻呂《さかのうえたむらまろ》が社殿を築いたのだという。

『延喜式』では名神《みょうじん》大社に列せられ、神階も永治《えいじ》元年（一一四一）には正一位の極位に達した。

武家の信仰も篤く、とくに源頼朝・北条義時・武田信玄・武田勝頼・徳川家康は熱心に信仰した。現在の本殿・拝殿・楼門は家康が造営したものである。

その本殿は寄棟造《よせむねづくり》の社殿の上に流造《ながれづくり》の社殿が載るという特異な構造をしており、浅間造《せんげんづくり》と呼ばれている。近世以前の本殿で二階建てとする例はほかにはなく、富士山を模したのではないかともいわれている。

二宮と三宮

二宮と三宮についても簡単に説明しておく。

豊積神社も富士山信仰の神社で、木花之佐久夜比売命を祭神とする。創建は延暦《えんりゃく》十年（七九一）であるが、延暦十六年に坂上田村麻呂が戦勝を祈願したとされ、田村麻呂ゆかりの神社であるところも富士山本宮浅間大社と共通している。ただ、もとは食物の神である豊受姫神《とようけひめのかみ》を祀っていたとする社伝もあるという。近世には浅間神社と名乗ることもあったが、現在では『延喜式』に記載されている社号に基づき豊積神社としている。

御穂神社は羽衣《はごろも》伝説で知られる名勝・三保の松原に鎮座している。神社にも羽衣の裂《きれ》と称する神宝が伝えられており、羽衣の舞という巫女舞《みこまい》も伝承されている。江戸時代には三穂大明神・三保大明神とも呼ばれていた。

主祭神の三穂津姫命は高皇産尊《たかみむすびのみこと》の御子神で大己貴命の妃神。社伝によれば、二神そろって羽車に乗って三保の松原に降下し、この地に鎮座したという。航海安全・豊漁豊作、また医薬・歌舞音曲の神として信仰されている。

一宮
三嶋大社
◉みしまたいしゃ
所在地＝静岡県三島市大宮町
主祭神＝大山祇命《おおやまつみのみこと》・積羽八重事代主神《つみはやえことしろぬしのかみ》

二宮
二宮八幡宮
◉にのみやはちまんぐう
所在地＝三嶋大社内（現・若宮）
主祭神＝物忌奈乃命《ものいみなのみこと》・誉田別命《ほんだわけのみこと》（応神天皇）・神功皇后《じんぐうこうごう》・妃大神《きさきのおおかみ》

三宮
浅間神社
◉せんげんじんじゃ
所在地＝三島市芝本町
主祭神＝木花開耶姫命《このはなのさくやひめのみこと》

惣社も兼ねた一宮

伊豆国の一宮制度は三嶋大社によって統制されていたといっていい。二宮・三宮が三嶋大社の摂社的存在であった上に、三嶋大社が惣社も兼ねていたからだ。

三嶋大社は『延喜式』に記された住所（賀茂郡三島郷）から平安初期には伊豆半島南部に鎮座していたと考えられるが、平安後期には現在地に遷座していた。おそらく惣社としての機能を果たすために国衙《こくが》の近くに移転したのだろう。

伊予《いよ》国一宮の大山祇《おおやまつみ》神社から遷座した社という説が唱えられたこともあるが、これは大山祇神社が大三島神社とも呼ばれることからの混同と思われる。

現在の祭神は山の神である大山祇命と漁業と商売の神で恵比寿神《えびすのかみ》と同体とされる事代主命《ことしろぬしのみこと》であるが、もともとは航海の安全を守る海の神を祀っていたと思われる。伊豆に流されていた源頼朝が信仰したこともあって武家の守護神としても崇敬された。

三嶋大社の拝殿

二宮となった三宮

伊豆国の二宮は二宮八幡宮という名の神社で、地主神を祀っていたという。現在の三島市西若町にあったと推定されているが、衰微したため三嶋大社の境内に移され、若宮として祀られている。現在の祭神の物忌奈乃命は三嶋大神の御子神。

この二宮移転消滅に伴って、三宮であった浅間神社が二宮として扱われるようになっている。浅間神社は富士山信仰の神社で、三嶋大社の別宮だったとされる。

一宮
浅間神社
◉あさまじんじゃ
所在地＝山梨県笛吹市一宮町一ノ宮
主祭神＝木花開耶姫命《このはなさくやひめのみこと》

二宮
美和神社
◉みわじんじゃ
所在地＝山梨県笛吹市御坂町二之宮
主祭神＝大物主命《おおものぬしのみこと》

三宮
玉諸神社
◉たまもろじんじゃ
所在地＝山梨県甲府市国玉町
主祭神＝大国玉大神《おおくにたまのおおかみ》

荒ぶる富士山を祀る

『甲斐国志《かいこくし》』によると、甲斐国には浅間《あさま》神社が三社、浅間《せんげん》神社が十九社、小室浅間《おむろせんげん》神社が二社、富士《ふじ》浅間《せんげん》神社が六社あった（斎藤典男「一宮浅間神社」『日本の神々』第十巻による）。いかに富士山信仰が盛んであったかがわかるが、古代においては富士山は駿河国に属すると考えられており、その祭祀も駿河国の浅間神社が行なうものとされていた。

浅間神社の拝殿

しかし、大噴火があると、そうも言っていられなかった。『三代実録』貞観《じょうがん》六年（八六四）八月五日の条などによると、富士山の大噴火は駿河国浅間神社の神職の怠慢によるものだという甲斐国の国司の申請を朝廷が受け付け、甲斐国でも祭祀を行なうよう命じ、翌年に浅間明神祠が建てられたのだという。甲斐国一宮の浅間神社の由緒も、この記録を裏書きするものとなっている。公式ホームページには次のように書かれている。

「第十一代　垂仁天皇八年（約二千年前）正月始めて神山の麓にお祀りされた。今ここを山宮神社と称して摂社となっている。第五十六代清和天皇の貞観七年富士山大噴火の翌年（八六五年）十二月九日、木花開耶姫命を現在地にお遷ししてお祀りされている」

このことについて斎藤典男氏は、「一宮町の浅間神社が富士山の大噴火ののちに現在地に創建され、官社に列せられたことはほぼ間違いないことであろう。そして、荒ぶる山、富士の鎮火を希う浅間明神という神格が与えられて浅間神社となったのはこの時点であって、それ以前の当社は神山の麓に祀られた単なる山宮神であったと考えられる。（略）しかし、二の宮の美和神社などの場合と同じく、甲府盆地の周辺の山麓から盆地内部に開発がすすめられていくなかで、すでに山宮神社が里に下りる必然性は生まれていたのではなかろうか。そして富士噴火をきっかけに、国衙所在地の鎮護として里宮が創建されて浅間明神の神格を得るとともに官社に列せられ、のちの一の宮・二の宮制の確立にともなって一の宮となったのであろう」（前掲論文）。

このように一宮としての浅間神社の成立には国衙の意思が強く働いていたが、これは二宮・三宮でも同様であったようだ。興味深いのは一宮・二宮・三宮の神輿が揃って神幸する祭があった（現在は神社ごと個別に神幸する）ことで、三社が緊密に連携して活動していたことを示唆するものと思われる。

また、武田信玄やその家臣団の者が書いた起請文《きしょうもん》に、「当国一二三宮」もしくは「一宮二宮三宮」という文言があることも注目される。この頃にはこの三社が甲斐国を代表する神社だという共通認識が定着していたのだろう。

三社揃っての神幸祭

二宮の美和神社は大和国一宮である大神《おおみわ》神社の祭神・大物主命を祀り、三宮の玉諸神社は甲斐国の土地の神霊たる大国玉命を祀る。いずれも本来は霊山に対する信仰に由来する神社で地元の氏族によって奉斎されていたものと思われるが、浅間神社とともに国衙によって国の鎮守制度に組み込まれたらしい。その際に行事なども統一が行なわれたらしく、今も三社祭という形でその名残が伝えられている。

三社祭は一宮・二宮・三宮の神霊を祀る三社神社へ三社の神輿が神幸する祭で、四月と十一月の亥の日に行なわれていた。このうち四月の神幸が行なわれていた甲斐市竜王の三社神社の由緒について、山梨県神社庁のサイトは次のように述べている。

「第五十三代淳和《じゅんな》天皇天長《てんちょう》二年秋（平安初期）国内未曾有の大水禍を蒙り（略）時の国司文屋秋《ふんやのあき》津《つ》朝廷に其の惨状を奏上、勅旨に依《よ》り天地神明に誓ひ水災防止のため、国内代表社として、浅間神社、美和神社、玉諸神社の神官に命じ神璽《しんじ》を行幸して水防祈願を此《こ》の地に於《おい》て行ひ、以来年中行事として水防祭を執行す」

一宮

南宮大社

◉なんぐうたいしゃ

所在地＝岐阜県不破郡垂井町宮代
主祭神＝金山彦命《かなやまひこのみこと》

二宮

伊富岐神社

◉いぶきじんじゃ

所在地＝岐阜県不破郡垂井町岩手字伊吹
主祭神＝多多美彦命《たたみひこのみこと》

三宮

多岐神社

◉たぎじんじゃ

所在地＝岐阜県養老郡養老町三神町
主祭神＝倉稲魂神《うかのみたまのかみ》・素盞嗚命《すさのおのみこと》

三宮

伊奈波神社

◉いなばじんじゃ

所在地＝岐阜市伊奈波通り
主祭神＝五十瓊敷入彦命《いにしきいりひこのみこと》

金属業の総本宮

美濃国の三宮については、多岐《たぎ》神社とするものと伊奈波《いなば》神社とするものと両方の史料が残されて

南宮大社の境内

おり判然としない。そのため、ここでは一宮と二宮についてのみ述べることにする。

この一宮・二宮を中心とした美濃国の一宮制度でまず気づくことは、精錬・金工・鉱山といった金属に関わる信仰である。そして、その中心となっているのが南宮大社であり、その祭神の金山彦命である。

金山彦命は伊邪那美命《いざなみのみこと》が死の直前に産んだ神の一柱で金属加工などに関わる神とされるが、南宮大社の社伝では神武天皇の東征を助けた神とし、その功で美濃に鎮座したとする。

この話は壬申の乱で大海人《おおあま》皇子（天武《てんむ》天皇）が軍勢を整えるために美濃に入ったことを思わせる。これは美濃で鉄の採掘・加工に従事していた伊福部《いふくべ》氏から武器の援助を得るためではなかったかといわれている。この伊福部氏らが奉

伊富岐神社の拝殿

祭した神が金山彦命だったのである。南宮大社は今でも「全国の鉱山、金属業の総本宮」を称している。

たたらの神を祀る？

伊富岐神社の祭神については異説がある。多多美彦命とするもののほか八岐大蛇《やまたのおろち》・天《あめの》火《ほ》明《あかりの》命《みこと》などとする説があるが、社号からみて伊福部氏に関わる神社とみてよいだろう。伊福・伊富岐という言葉は製鉄で用いる送風機「たたら」（鞴《ふいご》）を意味するともいわれるが、そうだとすると多多美という神名もたたらに由来するものかもしれない。

ちなみに、南宮大社には神前で鞴を使って火をおこし刀を鍛える金山祭《かなやままつり》（鞴祭）と呼ばれる神事がある。南宮大社の公式ホームページは金

多岐神社の拝殿

山祭について次のように述べている。
「通称「鞴祭」と呼ばれ、地元の野鍛冶（農具などの鍛冶屋さん）の奉仕で、古式ゆかしい鍛錬式が行われる。（略）この祭りは、祭神が府中の地から現在の南宮山の麓の地へ移った日に由来する鎮座祭。その日は、社伝によれば、崇神天皇五年霜月上申日、つまり十一月九日にあたる。八日に行う金山祭は前夜祭あるいは神迎えの神事と考えられる」

なお、南宮大社の境内入口脇には美濃国総社と称する小祠があるが、詳細は不明である。

一宮

飛驒一宮水無神社

◉ひだいちのみやみなしじんじゃ

所在地＝岐阜県高山市一の宮上
主祭神＝水無神《みなしのかみ》

◎二宮＝不詳　◎三宮＝不詳

水源の神を祀る社

飛驒国では二宮以下の神社の記録が見出せないという。おそらくは定められなかったのであろう。一宮が水無神社であることは間違いないようなので、ここでは水無神社についてのみ述べることとする。

水無神社（現在の正式な社号は飛驒一宮水無神社）の祭神は水無神とされる。この神について公式ホームページはこう説明している。

「飛驒一宮水無神社は、水無神として「御年大神《みとしのおおかみ》」を主神に外十四柱の神々が祀られています」

すなわち、十五柱の集合神だというのだが、その中心となっている御年大神は大歳神《おおとしのかみ》の御子神で、父神同様に穀物の神とされる。水無神社については「水無」という地名から、川の水を干した（伏流水にした）といった伝説が語られることもあるが、神社のホームページにもあるように本来は「水主」または「水成し」で、水源を意味したのだろう。すなわち、里に水を配って穀物を実らせる神であったと思われる。

飛騨一宮水無神社

両面宿儺と水無神社

飛騨には両面宿儺《りょうめんすくな》という鬼神の伝説が残されている。顔が二つ、手足が四本ずつという異形をしており、『日本書紀』ではまつろわぬ神のように書かれているが、地元の伝承では悪鬼や毒龍を退治した護法神として語られることが多い。

大林太良氏は「私の想像では、両面宿儺は飛騨の地主神であって、これが水無神社の最初の祭神であったろう」（『私の一宮巡詣記』）と書いているが、私には追儺《ついな》で災厄を払う方相氏《ほうそうし》（四つ目の面をかぶる）や阿修羅《あしゅら》などの影響を受けて成立した眷属《けんぞく》神ではないかと思っている。

一宮

諏訪大社《すわたいしゃ》

上社本宮《かみしゃほんみや》

所在地＝長野県諏訪市中洲宮山

上社前宮《かみしゃまえみや》

所在地＝長野県茅野市宮川

下社春宮《しもしゃはるみや》

所在地＝長野県諏訪郡下諏訪町

下社秋宮《しもしゃあきみや》

所在地＝長野県諏訪郡下諏訪町

主祭神＝建御名方神《たけみなかたのかみ》・八坂刀女神《やさかとめのかみ》

二宮

小野神社《おのじんじゃ》

所在地＝長野県塩尻市北小野
主祭神＝建御名方神《たけみなかたのかみ》

三宮

穂高神社《ほたかじんじゃ》

所在地＝長野県安曇野市穂高
主祭神＝穂高見神《ほたかみのかみ》（中殿）・綿津見神《わたつみのかみ》（左殿）・瓊瓊杵神《ににぎのかみ》（右殿）

敗残の神にして征服神

諏訪大社の起源は『古事記』の国譲りの段で語られている。それによると、武甕槌神《たけみかづちのかみ》に天つ神への国譲りを迫られた大国主命《おおくにぬしのみこと》は、御子神にその判断をゆだねたという。御子神の一柱、事代主神《ことしろぬしのかみ》は国譲りに賛成したが、もう一柱の御子神の建御名方神は武甕槌神に力比べを挑んだ。手ひどく破れた建御名方神は諏訪まで逃げたがついに追い詰められてしまったので、天つ神に服従してこの国から出ないことを条件に命を救ってもらったとされる。

この神話を信じれば諏訪大社の祭神は敗残者ということになる。しかし、諏訪には、建御名方神が洩矢神《もりやしん》という地元の神を打ち破って諏訪に鎮座したという、別の神話も伝わっている。すなわち、土地の神話では建御名方神は『古事記』での武甕槌神の役を演じているのである。

この洩矢神と建御名方神の戦いの神話は、古い記録では守屋大臣《もりやのおおおみ》と明神《みょうじん》の戦いとして記録されている。おそらくは当初の神話では侵攻してきた神は建御名方神とは異なる、地元で古くから信仰されていた神だったのであろう。朝廷などとの関係から神社の創建神話を記紀神話と関連づける必要が生じ、征服神の名を建御名方神としたのではないか。

なお、諏訪大社は諏訪湖をはさんで上社と下社の二社に分かれており、それぞれがさらに本宮・前宮、春宮・秋宮に分かれている。現在は上社も下社も建御名方神とその妃神の八坂刀売神を祀る

諏訪大社　上社本宮

としているが、古くから四社が夫婦神を祀っていたのかはわからない。若狭国のように男神と女神を別々に祀っていた可能性もある。また、上社と下社で異なった系統の神を祀っていたことも考えられる。

狩猟神にして風水神、そして武神

諏訪大社の信仰の大きな特徴は、狩猟神としての性格を強くもっていたことだ。かつて上社前宮の御頭祭では鹿の頭が七十五も供えられた(今は剥製が二つ供えられる)。また、鹿食之免《かじきのめん》という肉食をしてもケガレを得ないという特殊な神札も授与してきた。

その一方で水や風の神という農業神的性格ももっていた。『日本書紀』によると持統《じとう》天皇五年（六九一）に勅使が派遣されているが、これ

諏訪大社　上社前宮

は止雨の祈願を行なわせるためであったようだ。薙鎌《なぎがま》という風を鎮める鎌形の祭器が授与されていたのも興味深い。

一宮制度との関係では、神功皇后《じんぐう》の新羅《しらぎ》遠征を守護した神と信じられたことに注目される。すでに何度も述べたように、神功皇后・八幡神（応神天皇《おうじん》）の信仰と一宮制度とは深い関係にある。

この信仰がどこまでさかのぼれるものかわからないが、平安後期には軍神としての信仰が広まっていた。『梁塵秘抄《りょうじんひしょう》』にも「関より東の軍《いくさ》神《がみ》、鹿島《かしま》・香取《かんどり》・諏訪の宮」と詠まれているが、この三社（鹿島神宮・香取神宮・諏訪大社）がいずれも一宮であることも注目されるべきだろう。

諏訪大社の元社？

二宮の小野神社は諏訪大社と縁が深い神社である。祭神が建御名方神であるので諏訪大社の分祠のようにも思われるが、神社に伝えられている由緒では小野神社のほうが先に成立したことになっている。その神話によると、建御名方神が信濃を訪れた時、この地は洩矢神が治めていたので国の奥には入れず、まず小野の地に留まって好機を待ったのだという。また、坂上田村麻呂《さかのうえのたむらまろ》が蝦夷征伐に際して戦勝祈願を行ない霊験があったため、桓武《かんむ》天皇の勅命によって社殿が造営されたという。この時に境内の四隅に柱を立てたのが御柱祭の起源であるという。

小野神社が諏訪大社の信仰圏に属することは疑いないが、このように諏訪大社の元社であるかのような伝説を伝えているところに両社の微妙な関係が示唆されているようである。

これに対して三宮の穂高神社は、六世紀頃に信濃に入って開発をした安曇《あずみ》氏が奉斎していた神を祀る神社で、建御名方神の名で呼ばれている神が入ってくる前の信仰を伝えているようである。

諏訪大社　下社春宮

諏訪大社　下社秋宮

❖若狭国《わかさのくに》——北陸道1

一宮

若狭彦神社

◉わかさひこじんじゃ

所在地＝福井県小浜市龍前
主祭神＝若狭彦大神《わかさひこのおおかみ》

二宮

若狭姫神社

◉わかさひめじんじゃ

所在地＝福井県小浜市遠敷
主祭神＝若狭姫大神《わかさひめのおおかみ》

◎三宮＝なし

若狭の夫婦神

若狭国の一宮制度では若狭彦神社が一宮、若狭姫神社が二宮ということになっているが、この二社は山城《やましろ》国の賀茂別雷《かもわけいかづち》神社・賀茂御祖《かもみおや》神社や信濃《しなの》国の諏訪大社上社・下社の関係に近く、一つの神社の二つの社と考えるべきだ。実際、この二社は「若狭国鎮守一二宮」とか「若狭彦若狭姫大明神」というように一組に扱われてきた。

この二社で祀られている若狭彦大神・若狭姫大神について、現在の神社の説では『古事記』『日本書紀』で語られる彦火火出見尊《ひこほほでみのみこと》と豊玉姫命《とよたまひめのみこと》のことだとする。彦火火出見尊というとぴんとこないと思うが、海幸・山幸の話で知られる山幸彦のことだ。そして、なくした海幸彦の釣り針を探して訪れた海神（綿津見神《わたつみのかみ》）の宮殿で出会った女神が、豊玉姫命である（彦火火出見尊は神武天皇の祖父にも当たる）。

皇祖神と関係づけられたのは若狭社が神祇官制度に組み込まれて以降のことと思われるが、もともと海神的性質もあったのだろうと思われる。ところが、『若狭国鎮守一二宮縁起』には二神が遠敷《おにゅう》川の上流に出現したという神話を載せており、水神としての性格もあったことを示唆している。

若狭彦神社の境内

不老長寿の神

大林太良氏は若狭社の祭神が不老長寿であったと伝えられることに注目している。そして、小浜に八百比丘尼《やおびくに》伝説・宇倍《うべ》神社（因幡《いなば》国一宮）に武内宿禰《たけのうちのすくね》伝説があることに触れ、若狭・丹後・但馬・因幡を「不老長寿願望圏」と呼んでいる（『私の一宮巡詣記』）。一宮制度とは直接関係ないことであるが、興味深い指摘である。

一宮

氣比神宮

◉けひじんぐう

所在地＝福井県敦賀市曙町
主祭神＝伊奢沙別命《いざさわけのみこと》

◎二宮＝不詳　◎三宮＝不詳

応神天皇と名前を交換した北陸道総鎮守の神

氣比神宮も神功皇后・八幡神《じんぐう》（応神天皇《おうじん》）信仰に関わる神社である。しかし、住吉社や八幡社とは違う関わり方をしている。

『古事記』『日本書紀』ほかの伝えるところによれば、仲哀天皇《ちゅうあい》は神功皇后とともに敦賀《つるが》に行幸し、行宮《あんぐう》を建てて笥飯宮《けひのみや》と呼んだ。天皇の没後には神功皇后が皇子（後の応神天皇）に命じて武内宿禰《たけのうちのすくね》とともに敦賀の笥飯大神（氣比神宮）を参拝させたという。

興味深いのは、この参詣の時に、皇子と笥飯大神が名前を交換したとされることである。『日本書紀』応神天皇即位前紀には、「初め天皇、太子と為りて、越国《こしのくに》に行《いでま》して、角鹿《つぬが》の笥飯大神を拝祭《おが》みたてまつりたまふ。時に大神と太子と、名《みな》を相易《あいか》へたまふ。故《かれ》、大神を号《なづ》けて、去来《いざ》紗《さ》別《わけ》神《のかみ》と曰《もう》す。太子をば誉《ほむ》田《た》別《わけ》尊《のみこと》と名くといふ」とある。

『古事記』は名の由来にも触れている。すなわち、神が鼻を傷つけたイルカを打ち上げておいたので「御《み》食《け》津《つ》大神」と称えた。これにより氣比大神と呼ばれるようになった、というのである。

氣比神宮の神は今も、海上の安全や豊漁といった海に関わる神徳とともに食を司る神としても信仰されている。

氣比神宮の拝殿

軍神としての信仰

かつて日本海側は日本の表玄関であった。中国や朝鮮半島と直接結びつく場であったが、それは同時に侵略の危機にもさらされていることでもあった。海上の守護神である氣比神宮に海防の霊験が期待されるのは当然のことであった。宇多天皇の御代に正一位勲一等の極位に叙されたのも、中国の内乱などが大きく影響しているのだろう。

敦賀の一夜松原は中国から軍船が攻めてきた時に一夜で生えたといわれ、神功皇后の御代のことであったとされる。こうした信仰も、氣比神宮が一宮とされたことと無関係ではないだろう。

一宮 白山比咩神社
◉しらやまひめじんじゃ
所在地＝石川県白山市三宮町
主祭神＝菊理媛尊《くくりひめのみこと》

二宮 菅生石部神社
◉すごういそべじんじゃ
所在地＝石川県加賀市大聖寺敷地ル乙
主祭神＝菅生石部神《すごういそべのかみ》（日子穂穂出見命《ひこほほでみのみこと》・豊玉毘売命《とよたまびめのみこと》・鵜葺草葺不合命《うがやふきあえずのみこと》）

◎三宮＝なし

白山信仰の総本宮

その名からわかるように、白山比咩神社は白山《はくさん》への信仰を起源とする神社である。富士山周辺の浅間《せんげん》《あさま》神社のように、白山の周辺には白山信仰の神社が点在しており、それらの多くは個別に成立したものと思われるが、白山比咩神社の勢力が大きくなるにつれてその傘下に入っていった。また、白山を拠点とする修験者が各地をめぐって信仰を広めたので、分祠の白山神社は全国に及んでいる。

白山比咩神社の境内

本来の信仰の形では白山を神が住む霊地として立ち入ることをタブー視していたものと思われるが、修験者の先祖ともいうべき仏教系の山岳修行者が集まるようになってしだいに山中にも宗教施設が作られていった。伝説では白山に初めて登ったのは泰澄《たいちょう》だといわれ、『泰澄和尚伝』などによると、それは養老《ようろう》元年（七一七）のことだったという。

泰澄伝説では、泰澄の前に女神の姿で現われた白山《はくさん》妙理《みょうり》大菩薩《だいぼさつ》は自分のことを伊弉冉尊《いざなみのみこと》だと言ったとされ、山頂で現わした本地（本来の姿）は十一面観音であったとする。しかし、白山比咩神社の現在の主祭神は菊理媛尊であり、併せて伊弉諾尊《いざなぎのみこと》・伊弉冉尊を祀っている。

菊理媛尊が主祭神となった背景には白山比咩神社内の勢力争いがあったようだが、記紀神話に登場する数ある女神の中からわざわざ菊理媛尊が選ばれたのは謎としかいいようがない。というのは、菊理媛は『日本書紀』に掲載された神話の別伝の一つだけ、それもワンシーンにだけ登場する神であるからだ。

その場面というのは、先立った伊弉冉尊を連れ戻そうと黄泉《よみ》へ下ってみたものの、冥界での伊弉冉尊の姿を見て逃げ出してしまった伊弉諾尊と、その行為に腹を立てた伊弉冉尊が、黄泉と現世との境で争っているところで、『日本書紀』にはこう書かれている。

「是《こ》の時に、菊理媛神、亦白《またもう》す事有り。伊弉諾尊聞《きこ》しめして善《ほ》めたまふ」

これだけの話なのだ。しかも肝心の菊理媛尊の発言が書かれていないのである。

通説では、黄泉の世界でけがれた体を禊《みそぎ》で清めるよう勧めたのだろうといわれる。いっぽう、白山の神は山上で出産をしたといわれ、ここからケガレを嫌わない神と信じられていた。ケガレを嫌わないということから発展してケガレを払う神と考えられるようになり、そこからさらに発展して禊ぎを勧めた菊理媛尊と結びついたらしい。

一宮としての白山比咩神社

白山比咩神社は加賀国の仏教も含めた信仰の中心地であった。三十三年ごとに実施された社殿の式年造替《しきねんぞうたい》も、国全体で費用を負担する一国平均役《いっこくへいきんやく》で行なわれている。

至徳《しとく》元年（一三八四）の本宮造替に際しても、守護職の富樫昌家《とがしまさいえ》が神剣と神馬、国人衆が百余匹の神馬を寄進しており、その権威が南北朝末期においても衰えていなかったことがわかる。

しかし、一向一揆や戦国の争乱などにより急速にその勢力を衰えさせていった。文明《ぶんめい》十二年（一四八〇）には本宮本殿ほかの社殿を焼失、三宮の場所に移転せざるをえなくなった（鎮座地の住所が三宮であるのはこのことに由来する）。

交通の要所に鎮座する二宮

加賀国二宮の菅生石部神社は『平家物語』『義経記』『源平盛衰記』といった軍記物語にその名が登場する。たとえば、『義経記』では義経主従が奥州に落ちのびる前に立ち寄り参詣したと述べている。

これは菅生石部神社が北国街道を臨む場所に鎮座しているという地理的環境が大きく関わっているものと思われる。白山比咩神社が国を鎮める神社であったのに対し、菅生石部神社は街道を守る神社だったのかもしれない。先に挙げた軍記物語で当社を詣《もう》でたとして語られている者たち（木曾義仲・源義経・平時忠）がいずれも通過していく余所者であることが暗示的である。

なお、先に述べたように三宮は文明十二年の白山比咩神社の移転に伴い廃絶している。

一宮

氣多大社

◉けたたいしゃ

所在地＝石川県羽咋市寺家町
主祭神＝大国主神《おおくにぬしのかみ》

二宮

伊須流岐比古神社

◉いするぎひこじんじゃ

所在地＝石川県鹿島郡中能登町石動山
主祭神＝伊須流岐比古神《いするぎひこのかみ》

◎三宮＝なし

能登の魔物を退治した大国主神

社伝によると、当社に鎮座する大国主神は、能登を襲った怪鳥や大蛇などの魔物を退治するために、出雲《いずも》から眷属《けんぞく》を引き連れてやって来たのだという。江戸時代に書かれた『氣多社縁起』は、氣多大菩薩を日本に侵入した大魔王むくりを退治するために垂迹《すいじゃく》した閻魔《えんま》大王だとしている。

一宮制度との関わりで注目されるのは正長《せいちょう》元年（一四二八）に書かれた「氣多社神官供僧訴状案」

で、ここには「神功《じんぐう》皇后の新羅征伐の折には、干満両珠《かんまんりょうじゅ》を放ってこれを助勢し、よって正一位太政大臣勲一等にして氣多不思議智満大菩薩の号を賜わったとする縁起的内容を載せている」（東四柳史明「能登国」『中世諸国一宮制の基礎的研究』）という。

この伝説がどの程度広まっていたのかわからないが、北陸道を鎮護する武神として信仰され前田家など武士の信仰を集めた。

氣多大社の拝殿

いするぎ修験で栄えた神社

伊須流岐比古神社は石動山《せきどうさん》への信仰に基づく神社である。石動山は能登国と越中国の国境にそびえる霊山で、古くから「いするぎ山」「ゆするぎ山」と呼ばれて崇敬の対象になってきた。白山と同様に泰澄によって開山されたと伝えられることもあって、中世以降は白山に次ぐ修験道の道場となった。社僧は加賀・能登・越中・越後・佐渡・飛驒《ひだ》・信濃の七カ国を巡って布施米を集めたが、この旅に出る前には氣多大社を詣でることになっており、一宮との関係の濃さを示唆している。今も神職が氣多大社に赴いて神勤する出成神事という行事が伝えられている。

一宮

氣多神社

◉けたじんじゃ

所在地＝富山県高岡市伏木一宮
主祭神＝大己貴命《おおなむちのみこと》・奴奈加波比売命《ぬなかわひめのみこと》

一宮

高瀬神社

◉たかせじんじゃ

所在地＝富山県南砺市高瀬
主祭神＝大国主命《おおくにぬしのみこと》

一宮

射水神社

◉いみずじんじゃ

所在地＝富山県高岡市古城
主祭神＝瓊瓊杵尊《ににぎのみこと》

一宮

雄山神社

◉おやまじんじゃ

所在地＝富山県中新川郡立山町芦峅寺立山峰
主祭神＝伊邪那岐神《いざなぎのかみ》（立山大権現雄山神《たてやまだいごんげんおやまのかみ》）・天手力雄神《あめのたぢからおのかみ》

◎二宮＝なし　◎三宮＝なし

四つの一宮が並び立つ国

越中国は四つの神社が一宮の地位を主張するという、きわめてめずらしい事態となっていた。二社ないし三社の論社が争うという例はいくつかあるが、四社も並び立つのはほかにはない。

このことについて、平安末に成立したとされる『白山記《しらやまき》』は次のように述べている。すなわち、天平宝字《てんぴょうほうじ》元年（七五七）に能登国が越中国より分立したため、それまで越中国の一宮であった氣多大社が能登国の一宮となり、越中国の一宮が空席となってしまった。そこで越中国二宮であった二上神《ふたがみのかみ》（射水神社）が一宮に繰り上がった。ところが、越中国に新氣多（氣多大社の分祠、氣多神社のこと）が勧請されたため射水神社と一宮の地位を争うこととなり、氣多神社のほうが勢力があったため一宮となった、という。

こうした記録について研究者は、氣多大社分霊の勧請は国司によるものであろうとか、九条家が氣多神社の別当寺院を通じて越中国の支配を試みようとした結果ではないか、といった論考を出している。また、国府が射水から砺波《となみ》へ移転したことが高瀬神社の一宮主張に関係しているのではないかという説もある。

いずれも傾聴すべき意見であるが、一宮制度に関しては、はたしてこの時代まで起源をさかのぼらせていいものか疑問だ。

氣多神社の本殿

氣多神社と射水神社

以下、各社について簡単に説明する。

前項で述べたように、氣多神社は能登国一宮の氣多大社の分霊を勧請したものである。社伝によれば、鎮座したのは天平《てんぴょう》四年（七三二）という。

大己貴命（大国主命）の妃神で翡翠《ひすい》を産する川を象徴するという女神・奴奈加波比売命《ぬなかわひめのみこと》も祀っており、宝石資源を開発する氏族を守る神社でもあったようだ。中世には境内に四十九坊が建ち並ぶほどであったが、天文《てんもん》年間（一五三二〜五五）に上杉軍に焼かれ衰微した。

なお、南北朝には六十六部（各国の第一の霊場を巡拝する巡礼）の納経所にもなっており、一宮として広く認められていたらしい。

高瀬神社の拝殿

射水神社は古くは二上神社と呼ばれていた。二上山を神体とし、祭神の二上神は伊《い》弥頭国《みずのくにの》造《みやつこ》（射水市・高岡市周辺を治めた豪族）の射水氏の祖神とされる。こうしたことから越中国の総鎮守ともいわれるが、行基《ぎょうき》によって創建されたという由緒も伝えており、神仏習合色も強い。

高瀬神社と雄山神社

高瀬神社は国造り（国土開発）の神である大国主命を主祭神とし、物部《もののべ》氏の祖神・饒速日《にぎはやひの》命《みこと》に従って降臨した神とされる天活玉命《あめのいくたまのみこと》と素戔嗚尊《すさのおのみこと》の御子神で父神とともに全国に樹木を植えたという五十《い》猛命《たけるのみこと》を配祀としている。いずれも地域の開発を象徴する神なのだろう。公式ホームページには「御鎮座は遠く神代の昔、また景行《けいこう》天皇十一年の御代とも云われていま

射水神社の拝殿

す。社伝に御祭神が北国御開拓の折、この地に守り神を祀り、国成りおえて後、自らの御魂をも鎮め祀られ、出雲へ帰り給うたとも伝えられ、のちに延喜式内社、越中一宮として崇められてきました」とある。

興味深いのは射水神社とセットで昇叙していることが多いことで、貞観《じょうがん》元年（八五九）にはともに正三位に叙されている。

一時は三百坊を数えるほど栄えたが、戦国時代に戦火を受けて荒廃した。江戸時代には藩の保護を受けて復興した。

雄山神社は立山に鎮座する。立山は古くから死者の霊が赴くところ信じられ、その霊威は都でも知られていた。『梁塵秘抄《りょうじんひしょう》』にも「験仏の尊《とう》ときは、東《ひんがし》の立山」と詠まれている。

中世には立山地獄とも呼ばれて一大修験道場

雄山神社の前立社壇

とされ、多くの巡礼者も訪れたが、明治の神仏分離により大きな打撃を受けた。

一宮

彌彦神社

◉やひこじんじゃ

所在地＝新潟県西蒲原郡弥彦村弥彦
主祭神＝天香山命《あめのかごやまのみこと》

二宮

二田物部神社

◉ふただもののべじんじゃ

所在地＝新潟県柏崎市西山町二田
主祭神＝二田天物部命《ふたたのあめのもののべのみこと》

◎三宮＝不詳

『万葉集』にも歌われた彌彦の神

弥彦山のことは、すでに『万葉集』で歌に詠まれている。たとえば、こんな歌だ。

「伊夜彦《いやひこ》おのれ神さび青雲《あおくも》の　棚引く日すら小雨そほ降る」

この霊峰への信仰が彌彦神社の起源だと思われるが、その祭神は天照大神《あまてらすおおみかみ》の曾孫にあたる天香山命とする。

天香山命は別名を高倉下命《たかくらじのみこと》といい、神武《じんむ》天皇が熊野《くまの》で悪神の祟りで難儀をしていた時、建御雷神《たけみかづちのかみ》が天より下した霊剣を天皇のもとまで届けた神だとされる。「記紀」が語るのはこの神話のみであるが、彌彦神社の社伝は、神武天皇の命により越後に渡り、人々に製塩法や漁業、操舵技術を教え、さらに弥彦山に鎮座して農業・醸造法を伝えて越後を開発したという。

この神話は、次に述べる二宮の二田物部神社の創建神話とリンクしており、一宮選定にも関係していた可能性がある。

居多神社と二田物部神社

上越《じょうえつ》市の居多《こた》神社を越後国一宮とする説もある。しかし、これは上杉氏の後援を背景に勢力を伸ばした居多神社が南北朝以降に主張したものだという。

ただ、「居多」は古代には「けた」と読んだと思われることから、能登国の氣多大社・越前国の氣比神宮などに通じる信仰を伝えていた可能性がある。もしそうだとすると、一宮であっても不思議ではなく、無下に否定するべきではないかもしれない。

いっぽう、越後国の二宮は二田物部《ふただもののべ》神社だとされる。社伝によると、祭神の二田天物部命は天香山命とともに越後に入ったのだという。天香山命は物部氏の祖とされる宇摩志摩治《うましまじ》の兄とされるので、こうした神話は越後への物部氏の進出の歴史を語っているものとも考えられる。

❖佐渡国《さどのくに》——北陸道7

一宮
度津神社
◉わたつじんじゃ

所在地＝新潟県佐渡市羽茂飯岡
主祭神＝五十猛命《いたけるのみこと》

二宮
大目神社
◉おおめじんじゃ

所在地＝新潟県佐渡市吉岡
主祭神＝大宮売神《おおみやめのかみ》

三宮
引田部神社
◉ひきたべじんじゃ

所在地＝新潟県佐渡市金丸
主祭神＝大己貴命《おおなむちのみこと》・猿田彦命《さるたひこのみこと》・大彦命《おおひこのみこと》

「わたつ」の神を祀る神社か

佐渡国では一宮の地位をめぐっての訴訟があった。「文化《ぶんか》十三年（一八一六）に度津神社別当寺と、畑野町一宮神社別当慶当寺との間に、一宮論争が起こった。その結果として、度津神社神宮寺側の勝訴となり、以降は佐渡国一宮といえば度津神社といわれるようになっている」（菊田龍太郎「佐渡国」『中世諸国一宮制の基礎的研究』）

しかし、度津神社が一宮として積極的に活動していたとは思われない。この訴訟についても、度津神社が『延喜式』に記載された佐渡の神社のなかで筆頭であったという状況証拠によって決められたものと思われる。

現在、度津神社の祭神は五十猛命ということになっている。越中国のところで述べたように、五十猛命は素戔嗚尊《すさのおのみこと》の御子神で全国に樹木を植えた神である。しかし、これは延宝《えんぽう》六年（一六七八）に佐渡を訪れた『一宮巡詣記』の著者・橘三喜の説によるもので、本来の祭神ではない。「わたつ」という社号から考えて綿津見神《わたつみのかみ》（海神）といった海の神を祀っていたのだろう。島には同様の社号をもつ神社が祀ることが多い。

二宮と三宮

通説にしたがって二宮・三宮として大目神社と引田部神社をあげておいたが、これらについても積極的な証拠があるわけではない。『延喜式』の掲載順に従ってそう呼んできたというのが実情だろう。二宮・三宮としての活動もみられない。

なお、引田部神社の祭神について、猿田彦命とする説があった。これについて『佐渡国志』は次のように述べている。「按スルニ、今本社ノ祭神ヲ猿田彦命トセルハ例ノ橘三喜カ所為ナリ」

一宮研究で先駆的な業績を残した橘三喜だが、祭神の混乱などといった問題も残している。

一宮
寒川神社
◉さむかわじんじゃ

所在地＝神奈川県高座郡寒川町宮山
主祭神＝寒川大明神《さむかわだいみょうじん》（寒川比古命《さむかわひこのみこと》・寒川比女命《さむかわひめのみこと》）

二宮
川勾神社
◉かわわじんじゃ

所在地＝神奈川県中郡二宮町山西
主祭神＝大名牟遅命《おおなむちのみこと》・大物忌命《おおものいみのみこと》・級津彦命《しなつひこのみこと》・級津姫命《しなつひめのみこと》・衣通姫命《そとおりひめのみこと》

三宮
比々多神社
◉ひびたじんじゃ

所在地＝神奈川県伊勢原市三ノ宮
主祭神＝豊斟渟尊《とよくむぬのみこと》（豊国主尊《とよくにぬしのみこと》）・天明玉命《あめのあかるたまのみこと》・稚日女尊《わかひるめのみこと》・日本武尊《やまとたけるのみこと》

一宮から四宮が顔を揃える国府祭

五月五日に大磯町国府本郷の神揃山《かみそりやま》で行なわれる国府祭は、一宮制度を考える上でとても興味深い祭事である。というのは、この祭には一宮から四宮の神輿が揃い、さらに相模国の惣社《そうじゃ》である六所《ろくしょ》神社の神霊も迎えられるからだ。なかでも「座問答」と呼ばれる神事が面白い。

これは「一之宮寒川神社と二之宮川勾神社の社人が、「神座」を意味する虎の皮を上座へ上座へ

寒川神社の拝殿

と三度敷き合い、お互いに一ノ宮を主張，決着がつかず、三之宮比々多神社の「いずれ明年まで」との仲裁で神事は終わります」（寒川神社公式ホームページ）というもので、相武《さがむ》と磯長《しなが》を合して相模国とした時、相武の一宮であった寒川神社と磯長の一宮であった川勾神社が相模国一宮の地位を競ったという故事に基づくとされる。

相模国が成立したのは七世紀であるから、この伝説をそのまま信じるわけにはいかないが、四社と惣社が一体となって活動していたことがよくわかる祭事である。建久《けんきゅう》三年（一一九二）に北条政子《ほうじょうまさこ》の安産祈願が行なわれた時にも、幕府は一宮から四宮に祈祷を命じており、古くから四社が一体のものとして考えられていたことがわかる。

ちなみに、大磯町は国衙《こくが》があった場所で、祭では大磯町長が国司役を演じる。

方位除けの神社

寒川神社は全国でもめずらしい方位除け（八方除け）の神徳の神社として知られる。社号の「寒川」は冷泉の意で、寒川神社は本来、土地の開発神を祀っていたと思われる。そこにいつ方位除けの神徳が加わったのか定かではないが、中央の宗教界とも交流が盛んであったようなので、方位学や占術にくわしい陰陽師や僧、神職などが社地の特異性（神社の説によると、春分・夏至・秋分・冬至いずれの時も太陽が社殿の真上を通るという）に着目して、そうした説を唱えたのだろう。二宮の川勾神社には級津彦命・級津姫命という風の神が祀られているので、地勢などに関する土着の信仰があったのかもしれない。

近世には関八州の守護神、江戸城の鬼門封じの神として信仰を集めた。

また、武士の崇敬も集め、とくに源頼朝・北条義時・北条重時・武田信玄・徳川家康は熱心に信仰した。

安産・縁結びの社と大山遙拝の社

川勾神社は今では寒川神社ほど知られていないが、国府祭の座問答からも知られるように、かつては一宮の座を競うほど神威のある神社であった。磯長を開発した級津彦命・級津姫命（先に述べたように風の神でもある）を祀る神社であったが、「記紀」に語られる伝説の美女・衣通姫が安産を祈願したという伝説があることから、安産・縁結びの神としても信仰されている。

いっぽう比々多神社は相模平野を一望する高台に鎮座する。神社では四柱の主祭神について、豊斟渟尊は国土創造の神、天明玉命は玉造りの神、稚日女尊は機織りの神、日本武尊は叡智と武勇の神として祀っているが、古くは大山《おおやま》を遙拝する聖地であったようだ。境内周辺からは縄文時代から古墳時代に至るまでの遺物が発掘されている。比々多神社の公式ホームページはその由緒を次のように説明している。

「『社伝記』（しゃでんき・天保五年・一八三四年）によりますと、御鎮座は初代神武天皇六年（紀元前六五五）、人々が古くから祭祀の行われていた当地を最上の地と選び神を祀る社を建立し、相模国の霊峰大山を神体山として豊斟渟尊を日本国霊として祀ったことにはじまるといわれています」

なお、江戸時代には子安神としても有名であった。

一宮

氷川神社

◉ひかわじんじゃ

所在地＝埼玉県さいたま市大宮区高鼻町
主祭神＝須佐之男命《すさのおのみこと》・稲田姫命《いなだひめのみこと》・大己貴命《おおなむちのみこと》

二宮

二宮神社

◉にのみやじんじゃ

所在地＝東京都あきる野市二宮
主祭神＝国常立尊《くにのとこたちのみこと》

三宮

氷川神社

◉ひかわじんじゃ

所在地＝埼玉県さいたま市大宮区高鼻町
主祭神＝須佐之男命《すさのおのみこと》・稲田姫命《いなだひめのみこと》・大己貴命《おおなむちのみこと》

忘れられた一宮

現在、武蔵国の一宮は埼玉県さいたま市の氷川神社だということが通説になっている。これは近世においても同様で、『大日本国一宮記』も『一宮巡詣記』も一宮は氷川神社であるとしている。

しかし、本来の一宮は東京都多摩市一ノ宮の小野《おの》神社で、氷川神社は三宮であったらしい。このことは『吾妻鏡《あずまかがみ》』や『神道集』（南北朝の成立）の記述から確認できる。

実は、神格からいえば名神大社である氷川神社のほうが式内小社の小野神社より高く、一宮にふさわしい。それにもかかわらず三宮とされたのはなぜか。それについて釈迦堂光浩氏は次のように推定している（『中世諸国一宮制の基礎的研究』「武蔵国」）。

「一宮から六宮の分布は、中世初頭に形成された武蔵七党などと呼ばれる党的武士団の分布に強く影響されていたものと考えられる。即ち、一宮↓横山党・西党、二宮↓西党、三宮↓野与党・足立党、四宮↓丹党・猪俣党、五宮↓児玉党、六宮↓横山党等である。（略）このような状況の下、国司あるいはその目代は、在庁官人や在地領主連合（党）を掌握するため

氷川神社の拝殿

小野神社の拝殿

の一つの方策として、これらの神社を一宮制の下に編成したのであろう」

しかし、室町時代に入って関東でも内乱が続くようになると、一宮制度を支えていた旧来の権力構造が揺らぎ、宗教的秩序が解体していったのである。そうした中で小野神社が惣社の大国魂《おおくにたま》神社への依存度を高め末社化していったのに対し、氷川神社は戦国武将の崇敬も集めて名実ともに一宮になっていったのである。

ちなみに、小野神社は武蔵開拓の祖神・天《あめ》ノ《の》下春命《したはるのみこと》を祀っている。近年は「武蔵国一宮」と刻まれた社号標も立ち、再び一宮としての自覚を強めているようである。

一宮となった三宮

氷川神社の鎮座地にはかつて見沼《みぬま》という巨大な沼があった。氷川神社はこの沼の神霊を祀る神社であったと考えられ、沼の畔には氷川男体《なんたい》社（当社）・氷川女体《にょたい》社・簸王子《ひおうじ》（氷王子）社という三つの氷川神社があり、この三社を総合して氷川神社と呼ぶこともあった。『新編武蔵風土記稿』は男体社に素盞嗚尊《すさのおのみこと》（須佐之男命）、女体社に稲田姫命、簸王子社に大己貴命を祀るとし、現在の主祭神が三社で祀られていたと述べている。なお、男体社と女体社の関係は、諏訪大社（信濃国）の上社と下社、若狭国の若狭彦神社と若狭姫神社のような関係であったと推察する研究者もいる。

氷川神社では由緒を次のように説明している。「氷川神社は社記によると今から凡《およ》そ二千有余年、第五代孝昭《こうしょう》天皇の御代三年四月未《ひつじ》の日の御創立と伝えられます。（略）第十二代景行《けいこう》天皇の御代、日本武尊は当神社に御参拝し東夷鎮定の祈願をなされたと伝わっております。第十三代成務《せいむ》天皇の御代には出雲族の兄多毛比命《えたもひのみこと》が朝廷の命により武蔵国造となって氷川神社を奉崇し、善政を敷かれてから益々当社の神威は輝き格式を高めたと伝わります」（公式ホームページ）

この説明にも「出雲族の兄多毛比命」と出てくるように、氷川神社と出雲の関係は深い。一説では須佐之男尊・稲田姫命・大己貴命は杵築《きつき》大社（出雲大社）から勧請されたものだとし、「氷川」という社号も出雲の簸川《ひかわ》に由来するという。

氷川神社の分社は荒川と多摩川にはさまれた地域に分布しており、奉斎者集団の勢力範囲を示しているものと思われる。

中世の城館跡に建つ社

二宮神社は多摩川の支流・秋川を見下ろす台地の上に鎮座している。発掘調査などにより、この場所に室町時代の城館があった可能性が指摘されている。

創建の由来は不明だが、武蔵国惣社の大国魂神社に二之宮として本社の神霊が祀られていることからも、二宮であることは間違いないと思われる。なお、本殿内部には室町時代の宮殿が納められている。

一宮

安房神社
◉あわじんじゃ

所在地＝千葉県館山市大神宮
主祭神＝天太玉命《あめのふとだまのみこと》

◎二宮＝不詳　◎三宮＝不詳

忌部氏が結ぶ絆

安房国と阿波《あわ》国。名前が似ているのにはわけがある。いずれも忌部《いんべ》氏によって開拓された土地とされるのである。そのため、両国とも一宮は忌部氏の祖神を祀っている（阿波国参照）。

忌部氏は朝廷の祭祀に奉仕する古代の神祇氏族の一つであった。「忌部氏は、天太玉命の子孫がその本宗となり、配下に、天日鷲命《あめのひわし》を祖と仰ぐ阿波忌部氏、手置帆負命《ておきほおい》を祖と仰ぐ讃岐忌部氏、彦《ひこ》狭知命《さしり》を祖と仰ぐ紀伊忌部氏、櫛明玉命《くしあかるたま》を祖と仰ぐ出雲の玉作《たまつくり》氏、天目一箇命《あめのまひとつ》を祖と仰ぐ筑紫・伊勢の忌部氏などがいた。これら配下の忌部氏を率い本宗忌部氏は、幣帛の調進や宮殿建築儀礼に従事した」（『神道事典』）

このうちの阿波忌部氏が海を渡って安房国に渡ったと伝えられるのである。この伝説は『古語《こご》拾遺《しゅうい》』にくわしい。それによると、さらなる沃土を求めた天富命《あめのとみのみこと》は阿波忌部氏の一部を率いて房総へ渡り、ここに麻と穀物を植えたのだという。そして、「天富命は即ち其《そ》の地に於《お》いて太玉命の社を立つ。今の安房の社を謂ふ」とする。この社が安房神社だとされる。

洲崎神社が一宮か

ところが、近世には館山市洲崎《すざき》に鎮座する洲崎神社が一宮だとする説が流布していた。この説はかなりの信憑性をもって広まっていたらしく、洲崎神社には松平定信《まつだいらさだのぶ》の筆になる「安房国一宮大明神」の扁額が残されている。これは洲崎神社も忌部氏によって創建されたという由緒をもち、天太玉命の妃神である天比理刀咩命《あめのひりとめのみこと》を祀っていることから安房神社と混同されたことによるものらしい。「安房神社、洲崎大明神と号す」(『大日本一宮記』)、「安房一宮安房郡洲崎神社、本社安房正一位大神宮、天太玉命」(『一宮巡詣記』)としている文献もある。

大林太良氏は、安房神社と洲崎神社が夫婦神を祀ることから二社が一対の関係にあり、二社揃って一宮であったのではないかとしている。興味深い説であるが、裏づける史料がないので、ここでは「(洲崎神社が一宮とされたのは)西岬に一宮道があったことからの誤謬」という『館山市史』の説をとっておく。

一宮

玉前神社

◉たまさきじんじゃ

所在地＝千葉県長生郡一宮町一宮
主祭神＝玉依姫命《たまよりひめのみこと》

二宮

橘樹神社

◉たちばなじんじゃ

所在地＝千葉県茂原市本納
主祭神＝弟橘姫命《おとたちばなひめのみこと》

三宮

三之宮神社

◉さんのみやじんじゃ

所在地＝千葉県長生郡睦沢町北山田
主祭神＝五瀬命《いつせのみこと》・稲飯命《いないのみこと》・三毛入野命《みけいりぬのみこと》

玉を祀る社

上総国の一宮制度には疑問は呈されていないようだ。ただ、どの程度、機能していたのかはわからない。

上総国の一宮制度を考える上で重要なのが、九月十三日に玉前神社で行なわれてきた上総十二社祭である。この祭は「ご祭神玉依姫命とその一族の神々が由縁の釣ケ崎《つりがさき》海岸で年に一度再会される

玉前神社の境内

という壮大な儀礼」（玉前神社公式ホームページ）で、大同二年（八〇七）に創始されたと伝えられる。今は参加しない神社や祭事の日程を変えた神社もあるが、かつては近隣十二ヵ村の神輿が集結をした。その中には二宮の橘神社（橘樹神社）や三宮の三之宮神社も含まれていた。

ただし、橘樹神社には、「八月十三日の祭礼には戦国期までは二宮荘の七十五の社の神輿が集まったが、戦国の世となり、世上も混乱し、社壇も炎上したため中止したが、近世に城主酒井定隆の時に復活した」とする宝暦《ほうれき》五年（一七五五）に書かれた古記録が残されている（高村隆「上総国」『中世諸国一宮制の基礎的研究』）ので、地域ごとに同様の祭が行なわれていた可能性もある。

玉前神社は宝玉を神体とすることで知られてきた。『古今著聞集《ここんちょもんじゅう》』をはじめ多くの書物に当社の宝珠についての伝承が収録されている。

日本武尊の妃を祀る社

日本武尊《やまとたけるのみこと》の妃・弟橘姫命《おとたちばなひめのみこと》は武尊を守るために自ら浦賀水道に身を投げたとされ、そのため房総には弟橘姫命を祀る神社が多い。そうした神社は姫の遺体や遺品が流れ着いたという伝説を伝えているが、橘樹神社も姫の櫛を埋葬したという伝説がある。その墓標としたのが橘の木で、ここから橘樹神社と呼ばれるようになったという。

三之宮神社は嘉祥《かしょう》三年（八五〇）創建と伝えられるが、詳細は不明。

橘樹神社の境内

三之宮神社の社殿

一宮

香取神宮

◉かとりじんぐう

所在地＝千葉県香取市香取
主祭神＝経津主大神《ふつぬしのおおかみ》

◎二宮＝不詳　◎三宮＝なし

地上平定の武神

下総国一宮の香取神宮は常陸《ひたち》国一宮の鹿島神宮と密接な関係にある。信仰の面だけではなく、制度面においても結びつきが強かったため、一宮制度を語る上でも一社だけを論じるわけにはいかない。ここでは香取神宮を中心に論じるが、常陸国も併せて読んでいただきたい。

香取神宮の祭神・経津主大神と鹿島神宮の祭神・武甕槌大神《たけみかづちのおおかみ》は、いずれも国譲り神話において地上を平定した武神として語られる。しかし、『古事記』と『日本書紀』では二神の扱いが異なっている。

『日本書紀』本文は、地上平定の命を受けたのは経津主大神であったが、これを聞いた武甕槌大神

香取神宮の拝殿

が「豈唯《あにただ》経津主神のみ大夫《ますらお》にして、吾《やつがれ》は大夫にあらずや」と言ったので、経津主大神に随行させることにしたと述べている。ところが、『古事記』には経津主大神は登場せず、武甕槌大神（『古事記』の表記では建御雷神）のみで平定を行なったことになっている。出雲国造《いずものくにのみやつこ》が代替わりごとに朝廷で奏上した「出雲国造神賀詞《かんよごと》」も、布都怒志命《ふつぬしのみこと》が地上に派遣されたことになっている。

こうした違いについて『神道事典』は、「武人物部《もののべ》氏の祭神であったフツヌシが、中臣氏の台頭によりその神格を次第にタケミカヅチに奪われたものと思われる」としている。なお、両社の祭神は中臣（藤原）氏の祖神として春日大社に勧請されている。このことについては常陸国のところで改めて述べる。

なお、「フツヌシ」の「フツ」は剣でものを斬る時の音とされ、剣を神格化したものともいわれている。

内海をはさんで向かい合う二つの神宮

伝承によって扱いの違いはあるものの、経津主大神も武甕槌大神も地上平定の武神として篤い信仰を受けてきた。二神を祀る神社がともに「神宮」の称号が許されていたのも、そうした崇敬の現われといえる（『延喜式』で神宮号が用いられているのは、伊勢神宮と香取神宮・鹿島神宮だけ）。毎年二月には鹿島香取使という勅使が派遣されていたが、これも地方神には破格の扱いであった。

このような神が下総と常陸に鎮座している理由については諸説がある。蝦夷地開拓の最前線を守る神として勧請されたものとする説が有力だが、経津主大神の別名が斎主神《いわいぬしのかみ》ということから、鹿島神宮の神を祀る神だとする説もある。

二社の祭神を考える上で重要なのが両社の位置関係である。現在は両社の間は水路と陸地が複雑に入り組んだ土地になっているが、古代においては大きな内海が広がっていた。すなわち、両社は内海をはさんで向き合っていたのである。

ここで連想されるのが諏訪湖をはさんで上社と下社が向かい合う諏訪大社（信濃国）のことだ。武蔵国一宮の氷川神社も見沼をはさんで氷川女体神社と向かい合っていた。

こうしたことから両社が一体の関係であったとみる説も出されている。先の経津主大神を鹿島神を祀る神とみる説もその一つである。岡田精司氏は両社の関係を伊勢神宮の内宮と外宮のようなものだとしている（『新編　神社の古代史』）。

両社の一体性を示すのは位置関係だけではない。式年神幸祭などの祭も二つの神社が一体となって活動していたことを示している。式年神幸祭（鹿島神宮では御船祭という）は十二年ごとの午年に行なわれる祭で、香取神宮・鹿島神宮ともに大船団の神幸を利根川で行ない、水上で出会うというものだ。

地震ナマズを押さえつける要石

両社の共通点はまだある。どちらの神社にも境内に要石《かなめいし》と呼ばれる謎の石があるのだ。

この石は見た目は小ぶりの漬け物石ほどなのだが、地下深くまで続いているという。伝説によるとこれは、香取・鹿島の神が地震を起こす大ナマズの頭と尾に打ちつけた石棒の頭部なのだという。

一宮

鹿島神宮

◉かしまじんぐう

所在地＝茨城県鹿嶋市宮中
主祭神＝武甕槌大神《たけみかづちのおおかみ》

二宮

静神社

◉しずじんじゃ

所在地＝茨城県那珂市静
主祭神＝建葉槌命《たけはづちのみこと》・名倭文神《しとりのかみ》

三宮

吉田神社

◉よしだじんじゃ

所在地＝茨城県水戸市宮内町
主祭神＝日本武尊《やまとたけるのみこと》

春日大社の祭神となった東国の神

後白河《ごしらかわ》法皇によって編纂された『梁塵秘抄《りょうじんひしょう》』に「関より東の軍神《いくさがみ》、鹿島・香取《かんどり》・諏訪の宮」と詠まれているように、鹿島神宮・香取神宮の祭神は東国を代表する軍神であった。これはこの二神が「記紀」で語られる国譲り神話で活躍する武神であることによる（このことについては下総国のところで述べているので参照されたい）のだが、実はこの二神にはもう一つの顔がある。藤原氏の祖

鹿島神宮の拝殿

神としての顔である。

「鹿島立神影図《かしまだちしんえいず》」と呼ばれる神画像がある。男神が鹿の背に乗った絵で、鹿島神宮の祭神・武甕槌大神が鹿島から奈良の春日山（春日大社の鎮座地）へ向かう様子を表わしたものとされる。これは藤原不比等《ふひと》が平城遷都の際に祖神として崇める鹿島神宮の神を春日山に勧請したという伝承に基づくもので、神護景雲《じんごけいうん》二年（七六八）には香取神宮（下総国一宮）・枚岡《ひらおか》神社（河内国一宮）の祭神も迎えて春日大社が創建されたという。

中臣（藤原）氏の祖先神たる天児屋根命《あめのこやねのみこと》を祀る枚岡神社は当然としても、なぜ東国の武神が藤原氏の祖神とされたのだろうか。しかも、春日大社では鹿島の神・香取の神が第一殿・第二殿に祀られているのだ。

これについて岡田精司氏は次のような推論をしている。

「どうもタケミカヅチの物語は、最初は関東に下って平定する方が古い神話だったらしい。それがあとで出雲神話が作られたときに、タケミカヅチの降りる先が出雲へ変えられたのではないかと思います」「しかしタケミカヅチはもともとは、どうも中臣氏と結びつくものではなかったらしい。もとは物部氏が奉じていた神ではないかということを、終戦後すぐ東大の丸山二郎氏がいわれました」「五〜六世紀のころ、フツノミタマを奉じて物部氏が各地に遠征したわけです。(略)国譲りの神話で石上《いそのかみ》のフツノミタマの剣を操るタケミカヅチが、とくに東国を鎮めるための神となる」

「東国へ遠征しタケミカヅチを鹿島の地に祭った物部氏は、聖徳太子のころに蘇我氏に敗れて没落します。そののちに大織冠・藤原鎌足が領地にしたのはこの辺だろうと思います。(略)鎌足が常陸に封土を持ったことから、鎌足の一門と常陸との関係が出来たのです」

そして、藤原氏が中臣氏から独立するにあたって新しい神社が必要となり、枚岡神社・鹿島神宮・香取神宮の神が合祀されることになったのだろう、と述べている(『新編　神社の古代史』)。

フツノミタマの剣を操るタケミカヅチ

引用文中の「フツノミタマの剣を操るタケミカヅチ」について説明を補足しておいたほうがいいだろう。

この説は『古事記』の次の話に基づく。神武天皇が熊野で悪神に悩まされていた時のこと、これを天上で見ていた天照大神と高木神《たかぎのかみ》は武甕槌大神（『古事記』の表記では建御雷神）に助けに行くように命じた。しかし、武甕槌大神は「私が行かずとも、地上を平定した時に身につけていた剣を下してやればいいでしょう」と言って、佩刀《はいとう》を高倉下命《たかくらじのみこと》（越後国一宮・彌彦《やひこ》神社の祭神）に下し、神武天皇に届けさせる。この剣の名が布都御魂《ふつのみたま》で、石上《いそのかみ》神宮に納められていると述べられている。

名前が類似していることから、布都御魂剣は経津主大神のことではないかともいわれている。つまり、武甕槌大神は経津主大神を佩《は》いていたことになるのである。

二宮と三宮

二宮の静神社は織物に関する技能氏族・倭文氏《しとり》の祖神、建葉槌命を祀る。ただし、この神も香香《かか》背男《せお》という悪星を退治したといわれており、武神の性格をもっている。

鹿島神宮にはこの静神社が高房社の名で勧請されており、本殿を拝する前に詣でるものともいわれている。

三宮の吉田神社は景行天皇の皇子で英雄神の日本武尊を祀る。『常陸国風土記』には倭武《やまとたける》天皇・橘皇后の神話が載せられており、常陸には独自の日本武尊信仰があったことが想像される。

一宮

一之宮貫前神社

◉いちのみやぬきさきじんじゃ

所在地＝群馬県富岡市一ノ宮
主祭神＝経津主神《ふつぬしのかみ》・姫大神《ひめおおかみ》

二宮

赤城神社

◉あかぎじんじゃ

所在地＝群馬県前橋市二之宮町
主祭神＝豊城入彦命《とよきいりひこのみこと》・大己貴尊《おおなむちのみこと》

三宮

伊香保神社

◉いかほじんじゃ

所在地＝群馬県渋川市伊香保町伊香保
主祭神＝大己貴命《おおなむちのみこと》・少彦名命《すくなひこなのみこと》

九宮まであった上野国

十四世紀半ばに成立した神道説話集の『神道集』などによると、上野国には九宮まであったという。これほど多いところはほかにはなく、神社の格式づけに対する意識が高かったことが知られる。しかし、その一方で、相模《さがみ》国のように一宮制の社格をもつ神社が共同で祭事を行なうといったことはなかったようだ。

一之宮貫前神社の下り階段の参道から楼門を望む

参考までに四宮以下の社名をあげておこう。

四宮、甲波宿禰《かはすくね》神社。五宮、若伊香保《わかいかほ》神社。六宮、榛名《はるな》神社。七宮、小祝《おぼり》神社。八宮、火雷《からい》神社。九宮、倭文《しとり》神社。

土地柄か、二宮の赤城神社、三宮の伊香保神社を含め、山岳信仰に関わる神社が多いようだ。

貫前神・抜鉾神と経津主神

上野国一宮の現在の社号、一之宮貫前神社は昭和二十一年（一九四六）に旧社格廃止に伴ってつけられたもので、近世までは貫前神社または抜鉾《ぬきほこ》神社と呼ばれていた。祭神についても貫前神と呼ぶものと抜鉾神と呼ぶものの二種類があり、ここから貫前神社と抜鉾神社は異なる神を祀る別個の神社であるという説（二神二社説）が出された。

二神二社説では、抜鉾神は物部《もののべ》氏の氏神である経津主神で、貫前神は渡来系氏族が氏神として祀った女神であるとする。しかし、両社または両神を併記した文献はなく、別々に幣帛《へいはく》がなされていた様子もないので、一つの神社の別名と考えるべきであろう。

現在は経津主神と姫大神の二神を祀るとする。姫大神について神社は「姫大神は正確な神名も祀られた由緒も伝わっていないが、一説には綾女庄《あやめのしょう》（当地の古い呼称）の養蚕機織の神と云われている」（公式ホームページ）と説明している。

興味深いのは主神というべきに経津主神に関する神話だ。下総国一宮の香取神宮のところで述べたように、経津主神は常陸国一宮・鹿島神宮の祭神である武甕槌神《たけみかづちのかみ》とともに地上を平定し、天照《あまてらす》大神《おおみかみ》に統治権を譲ることを大国主命《おおくにぬしのみこと》に認めさせた軍神である（この国譲り神話については下総国・常陸国も参照されたい）。

この時、大国主命の御子神の一柱、建御名方神《たけみなかたのかみ》は国譲りに反対したとされ、『古事記』によると建御雷神《たけみかづちのかみ》（武甕槌神）に挑んだものの破れて信濃に逃れ、諏訪に鎮座することになったという（信濃国参照）。ところが、貫前神社の社伝では建御名方神を諏訪に追い詰めたのは経津主神だとする。

そして、決戦のために陣を敷いた場所が、貫前神社の前の鎮座地である安中市鷺宮だとする。

この神話のほうが『古事記』『日本書紀』に載せられているものより、国譲り神話の原形に近いのかもしれない。

霊山を祀る二宮・三宮

二宮の赤城神社は、その名のとおり赤城山を祀る神社である。ただし、その本宮ではない。赤城信仰の中心となっているのは、山頂の大洞《だいどう》赤城神社と中腹の三夜沢《みよさわ》赤城神社である。二宮となっている二宮赤城神社はそれらの里宮に当たる。

本宮ではなく里宮のほうが二宮になっているのは、ここが国造《くにのみやつこ》であった上毛野《かみつけの》氏の本拠地であり、国衙《こくが》（前橋市にあった）に近かったからであろう。

三宮の伊香保神社も山岳信仰に関わる神社だ。伊香保というと温泉を連想してしまうが、「いかほ」とは「いかつほ（厳峰）」の意で、榛名山中の水沢山のことという。

この二社と貫前神社は当初同格とされていたが、九世紀半ば頃より貫前神社が別格扱いになっていった。これについて『神道集』は面白い神話を載せている。それによると、貫前神社の姫大神は赤城大明神が機織《はたお》りをしている時に不足した生糸を分け与えたのだという。その功によって貫前神社は一宮となったというのである。

こうした伝説から姫大神は養蚕機織の神とされるのだが、明治になってその鎮座地の近くに富岡製糸場が造られることになったのは、まことに不思議な因縁である。

一宮

二荒山神社

◉ふたあらやまじんじゃ
（ふたらさんじんじゃ）

所在地＝栃木県宇都宮市馬場通り
主祭神＝豊城入彦命《とよきいりひこのみこと》

◎二宮＝なし　◎三宮＝なし

二つの二荒山神社

下野国には二つの二荒山神社がある。日光二荒山《ふたらさん》神社と宇都宮二荒山《ふたあらやま》神社である。このいずれが『延喜式』に記された二荒山神社なのか、またどちらが一宮であったのか、議論がなされてきた。

二荒山とは日光の男体山《なんたいさん》のことで、日光二荒山神社の社伝によれば、神護景雲《じんごけいうん》元年（七六七）に勝道が大谷川の北岸に社を建て大己貴命《おおなむちのみこと》・田心姫命《たごりひめのみこと》・味耜高彦根命《あじすきたかひこねのみこと》を祀ったのが始まりで、延暦《えんりゃく》元年（七八二）には勝道《しょうどう》が初めて二荒山の頂上に登ったという。

いっぽう宇都宮二荒山神社は、仁徳天皇の御代に奈良別王《ならわけのきみ》が国造として下毛野《しもつけの》国に赴任した時、祖先の豊城入彦命を祀ったことに始まるという。しかし、本来は二荒山の遙拝所であったとみるべきだろう。

ただし、『延喜式』に書かれた住所は今の宇都宮に相当すると思われるので、式内社で一宮であったのは宇都宮二荒山神社であったと思われる。

宇都宮二荒山神社の拝殿

豊城入彦命という神について

宇都宮二荒山神社も中世には大己貴命・田心姫命・味耜高彦根命を祀っていたと思われるが、豊城入彦命も『日本書紀』で語られる次の伝説から、しばしば東国の神社の祭神とされている。

崇神《すじん》天皇は豊城命と活目尊《いくめのみこと》（垂仁《すいにん》天皇）のいずれが後継者にふさわしいかを知るため、彼らの夢で判断することにした。すると、豊城命が御諸山《みもろやま》で東を向いて八度槍と剣を振るう夢を見たのに対し、活目尊は御諸山で四方を縄で囲い雀を追い払う夢を見た。これを聞いた天皇は、四方を望んだ活目尊を世継ぎとし、東方を向いた豊城命には東国の統治を命じることにした。

豊城入彦命は上毛野《かみつけの》氏・下毛野氏の祖先ともされる。

一宮

鹽竈神社

しおがまじんじゃ

所在地＝宮城県塩竈市一森山
主祭神＝塩土老翁神《しおつちおぢのかみ》（別宮）・武甕槌神《たけみかづちのかみ》（左宮）・経津主神《ふつぬしのかみ》（右宮）

◎二宮＝不詳（福島県大沼郡会津美里町宮林甲の伊佐須美《いさすみ》神社ともいう）　◎三宮＝なし

二つの論社と三つの都々古別神社

陸奥国は一宮の判断がもっとも難しい国の一つといえる。なぜなら、鹽竈神社と都々古別《つつこわけ》神社という二つの論社がある上に、都々古別神社には三つ（あるいは六つ）の論社があるのである。

結論を先に述べてしまえば、建久《けんきゅう》四年（一一九三）に書かれた「将軍家政所下文案」に「一宮塩竈社」とあることや、国府から毎月一日に奉幣を受けていたことなどから、鹽竈神社が一宮であったと判断するのが妥当だと思われる。

『大日本一宮記』や『一宮巡詣記』などの神道書が鹽竈神社ではなく都々古別神社を一宮としているのは、鹽竈神社が『延喜式』神名帳に記載されていない式外社であったのに対し、都々古別神社は名神大社《みょうじんたいしゃ》であったことによると思われる。

鹽竈神社が『延喜式』に記載されなかったのは謎としか言いようがないが、『弘仁式』主税逸文（八二〇年）には「鹽竈神を祭る料壱万束」という記載があり、鹽竈神が朝廷から破格の扱いを受けていたことがわかる。

一宮制度が成立した頃と推定される寛仁《かんにん》元年（一〇一七）には、後一条天皇即位に伴う一代一度大神宝奉幣を受けており、一宮としての条件は揃っているといえる。

味耜高彦根命について

鹽竈神社の祭神の塩土老翁神については第三章「一宮・二宮・三宮の祭神事典」で説明しているので、ここでは都々古別神社の祭神・味耜高彦根命《あじすきたかひこねのみこと》について述べておくことにしたい。

この神は都々古別神社だけではなく、日光二荒山神社でも主祭神とされていた。宇都宮二荒山神社でも中世には祀っていたものと思われる。

大国主命《おおくにぬしのみこと》の御子神で、神名に「耜《すき》（鋤）」があることからもわかるように、土地の開拓を象徴する神である。とくに東国の開拓神として語られることがあるが、出雲を中心とした山陰でも信仰されている。

❖出羽国《でわのくに》——東山道8

一宮

鳥海山大物忌神社

◉ちょうかいさんおおものいみじんじゃ

所在地＝山形県飽海郡遊佐町大字吹浦字鳥海
主祭神＝大物忌大神《おおものいみのおおかみ》

二宮

城輪神社

◉きのわじんじゃ

所在地＝山形県酒田市城輪
主祭神＝倉稲魂命《うかのみたまのみこと》

三宮

小物忌神社

◉おものいみじんじゃ

所在地＝山形県酒田市山楯字三之宮
主祭神＝級長津比古命《しなつひこのみこと》・級長津比売命《しなつひめのみこと》・豊受比売命《とようけひめのみこと》

東北の霊山・鳥海山を祀る

鳥海山大物忌神社（歴史的な社号は大物忌神社）の祭神・大物忌大神は謎の神といわれる。十世紀初めには正二位という東北の神としては破格の高位に列せられ、正史にもしばしば取り上げられたにもかかわらず、「記紀」をはじめとした神話集には登場せず、どのような系統の神であるのかわからないからだ。大物忌という名の由来も明確ではない。

鳥海山の遠望

しかし、大物忌神社が鳥海山を祀る神社であることは疑いない。激しい噴火をした火山であったためか、祟り神とも思われていた。興味深いのは、外敵を打ち破る神としても信仰されたことだ。

大物忌神の文献上の初見は、承和《じょうわ》五年(八三八)に従五位上勲五等から正五位下に昇叙したというものであるが、その二年後には従四位下に昇っている。注目されるのがその理由で、『続《しょく》日本後紀《にほんこうき》』は、京で祟りをなしたことと、石つぶてなどを降らせて遣唐使船を海賊から守ったこととしている。貞観《じょうがん》十年(八六八)には石鏃を降らせて噴火を予告する一方、元慶《げんけい》二年(八七八)には乱の鎮定に霊験を現わして勲三等の叙勲を受けている。

横井靖仁氏は、こうした大物忌大神の性質を、

鳥海山大物忌神社 吹浦口の参道

一宮に選ばれた神の基本的特徴である「国鎮守」の原像だとして、次のように述べている。

「対外的緊張や反乱・天災など、王権の危機、「国土」の動揺に際し、軍事的効能をもたらすだけの呪力を保持し、国家からその呪力の発動を期待された神こそが、「鎮守」と呼び得る神（略）だったのである」（「「鎮守神」と王権」『中世一宮制の歴史的展開』下）

三社が連携する一宮制度

出羽国の一宮制度は一宮・二宮・三宮が強く連携していたところに特徴がある。

二宮の城輪神社は城輪柵という古代の城塞に鎮座しており、ここに出羽国の国衙《こくが》があったと推定されている。すなわち、国衙の鎮守ともいうべき存在であった。その一方で、その祭神は

鳥海山大物忌神社 蕨岡口の鳥居と神門

大物忌大神の第二王子といわれていた。

また、小物忌神社もその社名から大物忌神社と対になる神社と考えられ、実際、神階昇叙も大物忌神社とともに行なわれている。

一宮　**出石神社**　◉いずしじんじゃ

所在地＝兵庫県豊岡市出石町宮内
主祭神＝天日槍命《あめのひぼこのみこと》・出石八前大神《いずしやまえのおおかみ》

二宮　**粟鹿神社**　◉あわがじんじゃ

所在地＝兵庫県朝来市山東町粟鹿
主祭神＝日子坐王《ひこいますのみこと》

◎三宮＝不詳（養父神社もしくは水谷神社ともいう）

日光感精神話と渡来神

但馬国の一宮制度については、粟鹿神社を一宮とする説もある（『大日本国一宮記』など）が、弘安《こうあん》八年（一二八五）の「但馬国大田文」に「当国一宮出石大社」「当国二宮粟鹿大社」「当国三宮水谷大神」とあることから、本来の一宮は出石神社と考えられる。なお、三宮の水谷大神については、これを今の水谷神社（養父市奥米地）とする説と養父神社（養父市養父市場）とする説がある。

出石神社の最大の特徴は、新羅の王子であった天日槍命を祀っていることだろう。天日槍命が日本で祀られるようになった理由について、『古事記』は次のような不思議な話を伝えている。

昔、新羅の貧しい女が陰部に虹のような日を受けて赤い玉を産むということがあった。天日槍(『古事記』の表記では天之日矛)命がそれを受け取ってみると、玉は美女に変わった。そこで天日槍命はその美女を妻としたが、驕《おご》りの心を起こして罵《ののし》ってしまったため、女は祖先の国に帰ると言って日本に渡ってしまった。そこで天日槍命も日本へ向かい、但馬で妻を迎えて鎮まった。この時、携えてきた八種類の宝物が、出石八前大神だとされる。

なお、天日槍命は神功《じんぐう》皇后の祖先に当たる。この点にも注意したい。

日子坐王と四道将軍

粟鹿神社の主祭神・日子坐王は開化《かいか》天皇の皇子で、崇神《すじん》天皇が北陸・東海・西道・丹波に派遣した四人の将軍(四道将軍)の一人とされる(日子坐は『古事記』の表記で、『日本書紀』は彦坐と書き、丹波道主命《たにはのみちぬしのみこと》ともいう)。

同じ四道将軍で西道(山陽道)に派遣された吉備津彦《きびつひこ》が吉備津神社(備中国・備後国)・吉備津彦神社(備前国)となっているのと同様、日子坐王も丹波を平定した武神として祀られたのだろう。

こうした祭神の性格は、洩矢神《もりやしん》を征服して信濃に鎮座した諏訪《すわ》大社の建御名方神《たけみなかたのかみ》を連想させる。

一宮

宇倍神社

◉うべじんじゃ

所在地＝鳥取県鳥取市国府町宮下
主祭神＝武内宿禰命《たけのうちのすくねのみこと》

◎二宮＝なし　◎三宮＝なし

最古の一宮文献

『中右記《ちゅうゆうき》』（右大臣を勤めた藤原宗忠《むねただ》の日記）の元永《げんえい》二年（一一一九）七月三日の条に「彼国一宮」とあるのが、一宮に関するもっとも古い文献史料だとされる。そして、ここでいう一宮とは宇倍神社を指すものと考えられている（もっとも古い史料は伯耆《ほうき》国倭文《しとり》神社の経筒銘《きょうづつめい》であるが、これは考古資料である）。

文献の残存は偶然によるところが大きいから、最古の史料があるからといって宇倍神社が最古の一宮とはいえない。しかし、ごく早い時期に一宮制度が定まった国だということはできるだろう。

なお、『中右記』の記事は、因幡国の国司がこのたび急遽下向することになったのは、任命されてから九年目になろうというのに一度も因幡国に赴かず一宮に参拝していないので、祟りがあるのではないかと国人が心配しているからだ、というものだ。国司が一宮を参拝することが、いかに重要な儀礼であったかを知ることができる史料でもある。

宇倍神社の祭神・武内宿禰は景行《けいこう》・成務《せいむ》・仲哀《ちゅうあい》・応神《おうじん》・仁徳《にんとく》の五代の天皇に仕え、三百六十歳の長寿を保ったとされる伝説の大臣《おおおみ》であるが、神功皇后《じんぐう》の遠征を補佐した臣下としても知られる。すなわち、宇倍神社も神功皇后信仰に関わる神社なのである。

宇倍神社の本殿

国司平時範の参詣

康和《こうわ》元年（一〇九九）に国司として因幡国に赴いた平時範《ときのり》の日記『時範記』にはまだ一宮という言葉は見られないが、国司と一宮の関係を知る上で重要な史料である。

それによると、二月十五日に国府に入った時範は、二十六日に惣社に詣で、ここから国内各地の神社に館侍を派遣するとともに自ら在庁官人を引き連れて宇倍神社を参拝している。さらに三月一日、三日にも参拝を行なっている。

一宮

倭文神社

◉しとりじんじゃ

所在地＝鳥取県東伯郡湯梨浜町大字宮内
主祭神＝建葉槌命《たけはづちのみこと》

二宮

大神山神社

◉おおがみやまじんじゃ

所在地＝鳥取県米子市尾高
主祭神＝大穴牟遅神《おおなむちのかみ》

三宮

倭文神社

◉しとりじんじゃ

所在地＝鳥取県倉吉市志津
主祭神＝経津主神《ふつぬしのかみ》・武葉槌命《たけはづちのみこと》・下照姫命《したてるひめのみこと》

倭文部が奉祭する神の社

野上尊博氏によると、「倭文とは、シツオリのつまった形で、シツは「日本古来の文様」、オリは「織り」である。倭文部の奉斎した、文《しづ》ある布に関する神を祀る神社をいう」（「倭文神社」『神社辞典』）という。つまり、倭文神社（静神社）は織物に関わる職能氏族の倭文部の守護神社で、彼らが移住した地域に祀られることが多い。当社はその本宮的存在なのである。

祭神の建葉槌命は別名を倭文《しとり》神《かみ》建葉槌命といい、『日本書紀』には天つ神に反逆した星の神を討伐した神と伝えられるが、『古語拾遺《こごしゅうい》』に登場する倭文部の祖先神で織物の神・天羽槌雄命《あめのはつちおのみこと》と同一視されている。

なお、倭文神社の境内にある経塚から出土した経筒の銘文が、現存最古の一宮史料である。内容は僧京尊が『法華経』を康和《こうわ》五年（一一〇三）年に倭文神社に奉納したというもので、「伯耆国河《かわ》村東郷御坐《むらとうごうおんいます》一宮大明神」と刻まれている。

なお、経塚出土品はすべて国宝に指定されている。

二宮と三宮について

二宮・大神山神社の「大神山」とは伯耆大山《ほうきだいせん》のことを意味する。平安時代以降、大山が修験道の一大道場となったこともあって大いに栄えた。後醍醐《ごだいご》天皇が戦勝祈願をしたほか、尼子《あまこ》氏・毛利《もうり》氏の崇敬も受けた。

三宮の倭文神社は「しどり」ではなく「しづ」と読むのが正しいという。当社が三宮で湯梨浜町のほうが一宮であるのは間違いないが、『延喜式』にいう倭文神がどちらを指すかは不明。

一宮

出雲大社

◉いずもたいしゃ

所在地＝島根県出雲市大社町杵築東
主祭神＝大国主大神《おおくにぬしのおおかみ》

◎二宮＝なし　◎三宮＝なし

杵築大社と熊野大社

出雲国については、熊野《くまの》大社（松江市八雲町熊野）を一宮とする説があった。意外に思われるだろうが、実は古代においては熊野大社のほうが杵築《きつき》大社（現、出雲大社）より高い勲位を得ていた。貞観《じょうがん》元年（八五九）の時点で、杵築大社が従二位勲八等であるのに対し、熊野大社は従二位勲七等であった。

これには杵築大社・熊野大社の成り立ちが関係しているものと思われる。

杵築大社の成立は「記紀」と『出雲国風土記《いずものくにふどき》』で異なるが、国造り（国土開発）の神で国つ神の王ともいうべき存在である大国主大神の神殿（宮殿）として建てられたということでは共通してい

出雲大社の本殿

る。『日本書紀』の第二の一書《あるふみ》（別伝）によれば、高皇産霊尊《たかみむすひのみこと》が国譲り（統治権の放棄）の交換条件として建設を申し出たものといい、この宮に仕える者として天照大神の御子神である天《あめの》穂《ほ》日《ひの》命《みこと》を派遣すると言っている。いっぽう、熊野大社は、八岐大蛇《やまたのおろち》を退治したのちに出雲に鎮まった素戔嗚尊《すさのおのみこと》を祀る。

つまり、簡単に書くと、杵築大社は国つ神の社であるのに対し、熊野大社は天つ神の社なのである。そして、天つ神の天穂日命を始祖とする出雲国造《いずものくにのみやつこ》は、熊野大社の近くに居を構えて杵築大社に仕えていたと考えられるのである。

杵築大社と熊野大社

平安時代になると、この関係に変化が生じてくる。国造が館を杵築大社の近くに移したのである。そして、中世になると杵築大社の祭神が素盞嗚尊だという説が広まっていった。

素盞嗚尊祭神説は今では考えられないことだが、かつては公然と主張されていたようで、『先代《せんだい》旧事本紀《くじほんぎ》』（九世紀後半）に載っているのをはじめとして、十四世紀には国造の書いた文書においてもそう書かれるようになっていた。

井上寛司氏は、こうしたことと杵築大社が一宮とされたことは連動しているとする。『出雲国風土記』には、八束水臣津野命《やつかみずおみつぬのみこと》が新羅などから土地を引き寄せて出雲の国土を造る壮大な創世神話が語られているのだが、中世にはこの神話の主人公も素盞嗚尊とされるのである。

「杵築大社は、この政治神話を得ることによって、かつての国譲りの神オオナムチを祀る神社から、出雲の国土創生の担い手（＝出雲国の祖神）スサノヲを祀る神社へと大きく転換し、「出雲国一宮」たるにまことに相応しい神社として再生することが可能となったのであった」（『日本中世国家と諸国一宮制』）としている。

一宮は佐太神社か

『延喜式』裏文書と呼ばれる史料は、出雲国の一宮・二宮を熊野大社・佐太《さだ》神社（佐陀神社、松江市鹿島町佐陀宮内）とする。このことについて、井上寛司氏は次のように述べている。「永万《えいまん》元年（一一六五）の「神祇官諸社年貢注文」（永万文書）に、杵築大社と並んで佐陀神社が記され、また近世には杵築大社の出雲国六郡半に対し、残る三郡半の幣頭権を佐陀神社が掌握していて、実質的には佐陀神社が中世出雲国の二宮の地位を占めていた（「二宮」の呼称は存在しない）ことが推測される」（『中世諸国一宮制の基礎的研究』「出雲国」）

なお、佐太神社は「加賀の潜戸《くけど》」と呼ばれる海蝕洞窟で生まれたとされる佐太大神を祀る神社。中世には比婆山《ひばやま》から伊弉冉尊《いざなみのみこと》の神陵を遷し祀った社ともいわれた。佐太神能という神楽を伝えることでも知られ、「出雲神楽の源流」とも呼ばれている。

熊野大社の拝殿

佐太神社の境内

一宮

物部神社

◉もののべじんじゃ

所在地＝島根県大田市川合町川合
主祭神＝宇摩志麻遅命《うましまじのみこと》

二宮

多鳩神社

◉たばとじんじゃ

所在地＝島根県江津市二宮町神主
主祭神＝積羽八重事代主大神《つみはやえことしろぬしのおおかみ》

三宮

大祭天石門彦神社

◉おおまつりあめのいわかどのひこじんじゃ

所在地＝島根県浜田市相生町
主祭神＝天石門別命《あめのいわかどのわけのみこと》

銀山に隣接する物部氏の神社

石見国一宮の物部神社は、世界遺産に指定された石見銀山にほど近いところに鎮座している。伴《ばん》信友《のぶとも》の『神名帳考證』によれば、当社は「銀山領内」だという。

こうした鎮座地の特性と社名から、物部氏が銀山開発の拠点としたところではないかと思えてしまうが、銀山の発見は十四世紀のことであるので、当社の鎮座とは関係ないようだ。

社伝によると、神武《じんむ》天皇の東征を助けた物部氏の祖・宇摩志麻遅命《うましまじのみこと》は、天皇の命により天香具山命《あめのかぐやまのみこと》とともに尾張・美濃・越の国と遠征をしたという。天香具山命は越の彌彦《やひこ》神社（越後国一宮）に鎮座したが、宇摩志麻遅命はさらに遠征を続け石見国を平定したのちに当地に鎮座したとされる。

かつてはこの神話のように物部氏の支族がこの地に移住してきたものと思われていたが、現在では「この付近に相当規模の物部氏配下の部民である「物部」の集団があり、古くから集落をなし、中央豪族たる物部氏の部民に編入され貢租や労力を徴収されていたのであろう」（野上尊博「物部神社」『神社辞典』）と考えられている。

八咫烏の神饌台をもつ多鳩神社

二宮となっている多鳩神社の祭神・事代主命は大国主命の御子神であるが、石見国を開拓したのち当地に留まり没したという。神徳に航海安全をあげるが、沖を航行している船を止めたとも伝えられるので荒ぶる神の面もあったのかもしれない。

神武天皇を導いた八咫烏《やたがらす》を招くためとして本殿の軒下に神饌台《しんせんだい》を設けてあるが、かつてはカラスが神饌を食べるかによって豊凶などを占っていたのだろう。

三宮の大祭天石門彦神社は手力男命《たぢからおのみこと》を祭神とする説もある。狩猟神としての性格が強く、鹿などを供える特殊神事がある。

一宮

水若酢神社《みずわかすじんじゃ》

所在地＝島根県隠岐郡隠岐の島町郡
主祭神＝水若酢命《みずわかすのみこと》

◎二宮＝なし　◎三宮＝なし

守護代と対立した一宮

『大日本一宮記』などは由良比女《ゆらひめ》神社（島根県隠岐郡西ノ島町浦郷）を隠岐国一宮としている。茂木栄氏は「平安朝末期に隠岐国の一宮に定められた」とする（『全国一宮祭礼記』「由良比女神社」）が、根拠は不明。享禄《きょうろく》三年（一五三〇）の「隠岐久清安堵状」などから水若酢神社が一宮だと思われる。

もっとも水若酢神社についても、「惣社玉若酢神社の神主が国造と呼ばれたことからもうかがわれるように、中世隠岐国にあっては実質的には惣社が国鎮守（一宮）としての機能を兼ねていて、一宮（水若酢神社）は名目的な存在に止まったとも考えられる」（井上寛司「隠岐国」『中世諸国一宮制の基礎的研究』）といったことがいわれている。

しかし、隠岐を統一しようとした隠岐宗清が水若酢神社と対立した時（一五三〇年）には隠岐の諸領主が水若酢神社側に立って蜂起しており、隠岐の信仰の中心となっていたことは確かなようだ。なお、この時の合戦の影響で中世以前の史料が失われてしまい、一宮の活動実態などをうかがうことはできない。

隠岐造りの社殿

社伝によると、当社の創建は崇神《すじん》天皇もしくは仁徳《にんとく》天皇の御代のこととする。祭神の水若酢命は、隠岐の開拓と海上の安全を守る神とされる。

現在の本殿は寛政《かんせい》七年（一七九五）に建てられたもので、神明造・大社造・春日造の要素を混ぜ合わせた隠岐造になっている。

一宮
中山神社
◉なかやまじんじゃ

所在地＝岡山県津山市一宮
主祭神＝鏡作神《かがみつくりのかみ》

二宮
高野神社
◉たかのじんじゃ

所在地＝岡山県津山市二宮
主祭神＝彦波限武鵜葺不合尊《ひこなぎさたけうがやふきあえずのみこと》

◎三宮＝なし

中山神社と吉備の中山

美作国一宮の中山神社の祭神は、現在は鏡作神《かがみつくりのかみ》とされているが、かつては吉備津彦命《きびつひこのみこと》としている時があった。吉備津彦命で思い出されるのが、備前国一宮の吉備津彦神社、備中国一宮の吉備津神社、備後国一宮の吉備津神社のことである。この三社はいずれも吉備津彦命（大吉備津日子命）を祀っている。これに美作国が加えると、山陽地方の中央で国境を接する四つの国の一宮がみな吉

中山神社の境内

備津彦命を祀っていることになる。

もともとこの四カ国がある場所は吉備国と呼ばれていた。大型古墳が数多く残されていることからもわかるように、吉備は大和・出雲と並ぶ先進地域であった。このため大和朝廷は吉備の勢力を削ぐために軍を派遣した。その将軍となったのが孝霊《こうれい》天皇の皇子で四道将軍の一人の吉備津彦命だという。

大和朝廷の支配下に入った吉備国は持統《じとう》天皇三年（六八九）に備前・備中・備後の三カ国に分割され、さらに備後国は和銅《わどう》六年（七一三）に北半分が美作国として分離された。

この分割の際に、吉備国の信仰の中心となっていた吉備津神社の分祠が各国に建てられたのではないかといわれている。備前・備後では本宮と同じく祭神名を社名に用いたが、美作国では吉備津神社の神体山ともいえる吉備の中山から名を取って中山神社と名づけられたという。ただし、この説には反対する研究者もおり、今後の研究が待たれる。

祭神の変遷について

しかし、冒頭に書いたように、現在の中山神社には吉備津彦の信仰はない。この地域を治める氏族の変化によって祭神が変化してきた。この変遷について、長谷川博史氏は『津山市史』をもとに次にようにまとめている。

「中山の称号は吉備武彦を斎《いっ》き祭る勢力が進出したことを意味しており、美作国英田郡楢原の東内氏の勢力、次いで猿田彦大神を拝する美作国中部の有木氏の勢力を吸収し、最後に大己貴命《おおなむちのみこと》・天津《あまつ》彦々火瓊々杵命《ひこひこほのににぎのみこと》の鎮座地であった長良嶽の麓に降り立った」としている（『中世諸国一宮制の基礎的研究』「美作国」）。

しかし、これだけでは鏡作神の信仰が説明できない。美作北部より産出する砂鉄を利用した製鉄氏族、とくに鏡作に従事した鏡作部のことは無視できないだろう。現在の祭神の鏡作神はそうした部民の守護神で、天照大神の天の岩屋隠れの時に鏡を鋳造した石凝姑神《いしこりどめのかみ》のことだとされる。

いっぽうで中山神社の神は狩猟神の面ももっている。『今昔《こんじゃく》物語集』『宇治拾遺《うじしゅうい》物語』には中山神社の神（あるいは末社の猿神）が生け贄《にえ》を求めたいう説話が載せられており、社伝を記した『中山神社縁由』には贄賄《にえまかない》吾狼神《ごろうしん》という、いかにも狩猟神らしい神名が登場する。それはこういった話だ。

「昔、この里の伽多野部《かたのべ》長者乙丸という者がおり、大己貴命を信仰していたが、中山神が遷座してきたため大己貴命の神威が衰えた。これを乙丸が妬むと、中山神の従神である贄賄吾狼神の怒りを買い、乙丸一族は難を受けた。このため乙丸は驚き、その地を去って、「人贄にかえて鹿二頭づゝ年ごとにそなえ祭るべし」と堅く誓約した」（原田信男『神と肉』）

一宮と一体の二宮か？

二宮の高野神社は神武天皇の父である彦波限武鸕鶿草不合尊《ひこなぎさたけうがやふきあえずのみこと》を主祭神としているが、相殿に中山神社の祭神である鏡作神を祀っている。これは両社が一体になって活動をしていた名残と思われる。史料でも併称されていることが多く、『今昔物語集』においても「美作国に中参（中山神社のこと、古くは「ちゅうさん」と読まれていた）・高野と申す神在《おわし》ます。其神の体は、中参は猿、高野は蛇にてぞ在ましける」と述べている。

猿・蛇は神の本体というより、神の使い（神使）のことだろう。

一宮

吉備津彦神社

●きびつひこじんじゃ

所在地＝岡山市北区一宮
主祭神＝大吉備津彦命《おおきびつひこのみこと》

◎二宮＝不詳　◎三宮＝なし

吉備の中山をはさんで建つ二つの一宮

備前国と備後国には「山陽道」の後の通しナンバーをつけていない。これは『大日本一宮記』が備中国の吉備津宮を「備前・備中・備後、三国一宮也」として、備前国・備後国の一宮をあげていないからだ。

実際には備前国・備後国にも一宮は存在したのでこの説は誤りなのだが、まったくの誤解とはいえない面もある。美作国《みまさか》のところでも述べたように、この三国はもともと吉備国という一つの国であったからだ。また、備前の吉備津彦神社も備後の吉備津神社も備中の吉備津神社の分社的存在で、『延喜式』に記載されていない式外社である。しかも、備前国の場合は鎮座場所がきわめて特殊であった。備前・備中の国境にそびえる吉備の中山をはさんで、備中の吉備津神社とは一・二キロほどしか離れていないのである。

一宮どうしがこれほど近くに鎮座する例はほかにはない。

吉備津彦神社の拝殿と本殿

備中の吉備津神社と一体の関係

吉備の中山は標高が一七〇メートルほどで山というより丘に近いが、山中には古墳や磐座《いわくら》（神が降臨すると信じられた岩）が点在しており、聖地というにふさわしい場所である。備前と備中の一宮はその東麓と西麓に鎮座している。この山を湖に置き換えてみると、諏訪大社に似ていることに気づく。また、川（内海）とするならば、鹿島《かしま》神宮と香《か》取《とり》神宮の関係に似ている。

すなわち、二社は一つの神社の二つの社、あるいは一体の関係にある二つの神社である可能性が高い。『日本紀略』寛平《かんぴょう》七年（八九五）四月二十一日の条にも「備前備中両国界上、有吉備津彦神」と書かれている。

一宮

吉備津神社

◉きびつじんじゃ

所在地＝岡山県岡山市北区吉備津
主祭神＝大吉備津彦大神《おおきびつひこのおおかみ》

◎二宮＝なし　◎三宮＝なし

吉備津彦命について

美作《みまさか》国・備前国でも述べたが、かつて備前・備中・備後・美作の四国は吉備国という一つの国であった。そして、備中の吉備津神社が吉備国の信仰の中心となる役割を果たしていた。備前・備後の吉備津（彦）神社、美作の中山神社（いずれも一宮となっている）は、その分祠的存在であった。

『日本書紀』などによると、吉備津彦命（大吉備津彦大神）は孝霊《こうれい》天皇の皇子で、朝廷に従わぬ豪族などを平定するために崇神《すじん》天皇が四方に派遣した四道将軍の一人とされる。西道（山陽道）を任された吉備津彦命は、吉備を平定したのち吉備に定住し、土地を開拓して人々を導いたという。吉備の中山にある中山茶臼山古墳がその陵墓だと伝えられている。

吉備津神社の本殿

地元に伝わる伝説では、温羅《うら》という鬼（百済の王子ともいう）を退治したとされ、この話が桃太郎の原形になったといわれている。

すなわち、吉備津彦命は大和からの征服者ということになるのだが、その神話・伝説には地元の開拓神の面影が色濃く残っている。おそらく、地元の信仰に吉備津彦命の伝説を接ぎ木することで、大吉備津彦大神という神格が創られたのではないかと考えられる。それだからこそ、旧吉備国全体で信仰され続けることになったのだろう。

中山神社の猿神と吉備津神社の御竈殿

大林太良氏は美作国の中山神社と備中国の吉備津神社とは「怪物がいて人々を苦しめていた。

「鳴釜神事」が行われる御釜殿

それを東から来た者が退治した」という伝承をもつ点でも共通しているという（『私の一宮巡詣記』）。

吉備津神社の怪物はいうまでもなく、温羅のことである。中山神社は生け贄を求めた猿神のことをいう。温羅が吉備津彦命に退治されたのに対し、猿神は猟師に倒されている。興味深いのは、中山神社にも鳴り釜があったらしいことだ。

鳴り釜は吉備津神社の御釜殿《おかまでん》にある釜のことで、これで湯を沸かしてその音の高低で吉凶を占う。伝説によると、この釜の下には温羅の首が埋められているという。

温羅は吉備津彦命に斬首されたのだが、頭だけになってもまだうなり続けていた。困った吉備津彦命がその首を御釜殿の下に埋めさせたところ、夢に温羅が現われてこう言ったという。「わが妻の阿曾媛《あそひめ》にこの竈で命のご飯を炊かせなさい。世の中によいことが起こるのなら豊かに鳴り、禍があるようならば荒らく鳴ろう」

いっぽう、中山神社の鳴り釜のことは『一遍聖絵《いっぺんひじりえ》』（正安元年＝一二九九年）に記述がみられる。それによると、一遍の一行が中山神社を訪れた際、釜が激しく鳴ったので巫女《みこ》に占わせたところ、この釜で粥を炊いて一遍らに供養せよという託宣があったとする。

鳴り釜の由来についてはなんの説明もないが、あるいは猿神の首を埋めたといった伝説があったのかもしれない。

比翼入母屋造りの本殿

応永《おうえい》三十二年（一四二五）に散見された現在の吉備津神社の本殿は、入母屋《いりもや》の屋根を前後に並べたような特殊な外観をしており、比翼《ひよく》入母屋造り（吉備津造り）と呼ばれ国宝に指定されている。神社の本殿はあまり大きく造られないものだが、この本殿は建坪が約二六〇平方メートルある大建築で、現存する本殿としては八坂神社に次いで大きい。

特殊なのは外見だけではない。内部は、外側から外陣・朱壇・中陣・内陣・内々陣という同心円状の構造となっており、中央にいくほど床が高くなっている。

建築の細部には東大寺の大仏殿や南大門の再建に用いられた大仏様の技術が取り入れられている。こうしたことから寺社建築の粋を集めた傑作といわれている。

一宮

吉備津神社

◉きびつじんじゃ

所在地＝広島県福山市新市町宮内
主祭神＝大吉備津彦命《おおきびつひこのみこと》

◎二宮＝なし　◎三宮＝なし

素盞嗚神社が一宮か？

備前国のところで述べたように『大日本一宮記』は備中の吉備津神社を備前・備中・備後三国の一宮としているので、備前・備後に関する記述はない。そのため「山陽道」の後の通しナンバーはつけていない。

さて、備後国の一宮は備中国の吉備津神社の分祠的存在である吉備津神社だと何度も述べてきたが、実は異説もある。広島県福山《ふくやま》市新市町戸手に鎮座する素盞嗚《すさのお》神社を一宮とするものである。

素盞嗚神社はその名のとおり素盞嗚尊（素戔嗚尊）を祀る。社伝によると天武《てんむ》天皇の御代に創建されたといい、『備後国《ぶんごのくに》風土記《ふどき》』逸文《いつぶん》に「疫隅国社《えのくまのくにのやしろ》」とあるのも当社のことという。

この疫隅国社の話は現存最古の蘇民将来《そみんしょうらい》伝説（素盞嗚尊の化身であり疫病神でもある武塔神《むとうしん》が親切な蘇民将来に疫病を避ける法を教えるというもの）であることから、京の祇園《ぎおん》社（現、八坂神社）の本縁だともいわれる。

当社が一宮とされる理由は定かではないが、吉備津神社が式外社であるのに対し、式内小社であるからかもしれない。

備中国の吉備津神社の出張所か？

吉備津神社については、『一遍聖絵《いっぺんひじりえ》』（正安元年＝一二九九年）に「備後の一宮」とあることが一宮であったことの証拠とされる。しかし、当社は戦国時代に一時廃絶しているため、それ以前の史料がなく、内部史料によってこれを裏づけることができない。

備前国の場合と同じように備中国の吉備津神社が実質的な一宮であったとすると、当社はその出張所的な存在だったのかもしれない。

そこで興味深いのは、素盞嗚神社の祇園祭に（備後）吉備津神社の宮司と禰宜《ねぎ》が参拝することである。祭では両社の宮司は奉幣に続いて三三九度の杯を交わす。

ひょっとしたらこの儀礼は、素盞嗚神社も（備中）吉備津神社を中心とした一宮制度に組み込まれていたことを示すものなのかもしれない。

一宮

厳島神社

◉いつくしまじんじゃ

所在地＝広島県廿日市市宮島
主祭神＝市杵嶋姫命《いちきしまひめのみこと》・田心姫命《たごりひめのみこと》・湍津姫命《たぎつひめのみこと》

◎二宮＝不詳　◎三宮＝なし

安芸の宮島に宗像三女神が祀られるわけ

社伝によると、厳島神社が創建されたのは推古《すいこ》天皇元年（五九三）だという。これを裏づける客観的な証拠はないが、広く知られた説であるらしく、『平家物語』や『源平盛衰記』もこの説を用いている。面白いのは、その鎮座のいきさつである。

『源平盛衰記』によると、佐伯《さえきの》鞍職《くらもと》が宮島の周囲をめぐっていたところ、西の方から紅色の帆の船がやって来たという。船には赤い幣を立てた瓶があり、その中に神々しい美女が三人いた。彼女たちは、「我々は百王を守護するために本所を離れて王城の近くへ来ることにした。宝殿を造り、我らを厳島大明神として祀れ」と鞍職に言ったとされる。

ここでいう西とは九州のことで、三女神が宗像《むなかた》大社の祭神であることが示唆されている。すなわち、嚴島神社の祭神は宗像大社から勧請された神だと信じられていたことがわかる。

しかし、本来は宮島を神体とする海の神が祀られていたものと思われる。祀るべき島＝「斎《いつ》く島」と呼ばれていたため、宗像三女神の一神、市杵嶋姫命と同一視されるようになったものらしい。

嚴島神社の祓殿

厳島信仰の広がり

厳島神社は平清盛《きよもり》が崇敬し社殿を建立したことで知られるが、すでに十一世紀初頭には安芸国で一番の神とされるようになっていた。こうしたことから一宮に選ばれたのであろうが、神功《じんぐう》皇后を守護した宗像神を祭神とすることも関係していたかもしれない。

鎌倉時代以降は弁才天とも同一視されるようになり、水の神として海辺だけではなく水源地などにも祀られるようになった。商売の神として信仰するところもある。

一宮 玉祖神社 ◉たまのおやじんじゃ

所在地＝山口県防府市大崎
主祭神＝玉祖命《たまのおやのみこと》

二宮 出雲神社 ◉いずもじんじゃ

所在地＝山口県山口市徳地堀
主祭神＝大己貴命《おおなむちのみこと》・事代主命《ことしろぬしのみこと》

三宮 仁壁神社 ◉にかべじんじゃ

所在地＝山口県山口市三の宮
主祭神＝表筒男命《うわつつのおのみこと》・中筒男命《なかつつのおのみこと》・底筒男命《そこつつのおのみこと》・味耜高彦根命《あじすきたかひこねのみこと》・下照姫命《したてるひめのみこと》

玉作氏の祖神を祀る

周防国には五宮まで存在していた。九宮まであった上野国ほどではないが、ここまでそろっているのは珍しい。しかし、当初から五宮まであったわけではないようだ。三宮以下のことは十五世紀以降の文書にしか登場しない。ここから井上寛司氏は「当初は一・二宮のみであったのが、室町期以降守護大内氏のもとで三宮以下が整備され、一～五宮に拡大再編成されたとも推測される」（『日

玉祖神社の境内

本中世国家と諸国一宮制』）と述べている。なお、明応《めいおう》六年（一四九七）に大内義興《よしおき》が一宮から順に参詣した時の記録が「五社参詣之次第」として残されている。

さて、周防国一宮の玉祖神社であるが、その社名から玉作部《たまつくりべ》（玉作氏）の祖神を祀る神社であることは容易に想像がつく。玉作部は勾玉《まがたま》作りに携わった職能氏族で、その祖神の玉祖命（天明玉命《あめのあかるたまのみこと》）は天岩《あまのいわ》戸《と》隠れの際に八坂瓊勾玉《やさかにのまがたま》を作ったとされる神である。

しかし、一宮制度との関係では仲哀《ちゅうあい》天皇と神功皇后が熊襲《くまそ》遠征への途上に立ち寄ったとされる伝説のほうが重要であろう。例祭前夜の九月二十四日に行われる占手《うらて》神事は、皇后たちが戦いの吉凶を占ったのに始まるという。

玉祖神社の拝殿

出雲と大和の緩衝地帯か？

二宮の出雲神社は、社伝によると「太古出雲族が出雲国から佐波川流域に流入し発展するに伴い、その神を鎮斎したものに始まる」（畠山聡「周防国」『中世諸国一宮制の基礎的研究』）とされる。

いっぽう三宮の仁壁神社は、神功皇后の新羅遠征を守護した住吉神（表筒男命・中筒男命・底筒男命）と、大国主命の娘で天照大神《あまてらすおおみかみ》の使者として天下った天稚彦《あめのわかひこ》の妻となった下照姫命を祀る。

こうした二宮・三宮の祭神は、この地が出雲勢力と大和勢力が混じり合う場所であったことを示しているように思える。

出雲神社の参道

仁壁神社の境内

一宮

住吉神社

◉すみよしじんじゃ

所在地＝山口県下関市一の宮住吉
主祭神＝住吉大神《すみよしのおおかみ》

二宮

忌宮神社

◉いみのみやじんじゃ

所在地＝山口県下関市長府宮の内町
主祭神＝仲哀天皇《ちゅうあいてんのう》・神功皇后《じんぐうこうごう》・応神天皇《おうじんてんのう》

三宮

龍王神社

◉りゅうおうじんじゃ

所在地＝山口県下関市大字吉見下
主祭神＝玉依姫命《たまよりひめのみこと》

神功皇后の遠征の足跡

長門国一宮の住吉神社の創建については、『日本書紀』に記述がある。

「和魂《にぎみたま》は王身《みつい》に服《した》ひて寿命《いのち》を守らむ。荒魂《あらみたま》は先鋒《さき》として師船《いくさのふね》を導かむ」と言って神功皇后の新羅遠征を守護した住吉大神は、遠征の帰途、こう託宣した。

「我が荒魂をば、穴門《あなと》の山田邑《やまだのむら》に祭はしめよ」

住吉神社の参道

住吉神社の本殿

こうして創建されたのが当社だとされる。すなわち、摂津国一宮の住吉大社が住吉大神の和《にぎ》魂《たま》を祀る社であるのに対し、当社は荒魂を祀る社なのである。そして、神功皇后をめぐる信仰の重要な拠点の一つであった。

神功皇后神話を伝える二宮・三宮

二宮の忌宮神社の創建も神功皇后の遠征の時だとする。

社伝によると、当社が鎮座している場所は仲哀天皇が神功皇后とともに熊襲征伐に赴いた時に宮（豊浦の宮）を建てたところだという。そして、遠征を前にして薨去《こうきょ》した天皇の鎮祭を帰国後に行なったことをもって創建としている。祭事にも神功皇后の遠征に由来するというものが多い。

こうした由緒からすると、仲哀天皇を祀った神社と思えるが、主祭神は神功皇后で仲哀天皇と応神天皇を配祀しているともいう。

三宮は仲哀天皇の乳母を祀った乳母屋《ちもや》神社であった（異説もある）が、大正六年（一九一七）に大綿津見《おおわたつみ》神社と合併して龍王神社となった。

忌宮神社の拝殿

龍王神社の境内

一宮

大麻比古神社

◉おおあさひこじんじゃ

所在地＝徳島県鳴門市大麻町板東字広塚
主祭神＝大麻比古大神《おおあさひこのおおかみ》・猿田彦大神《さるたひこのおおかみ》

◎二宮＝なし　◎三宮＝なし

四つあった阿波国の論社

現在、阿波国の一宮は鳴門市の大麻比古神社ということになっているが、福家清司氏によれば、かつてはほかに三つの論社があったという（『中世諸国一宮制の基礎的研究』「阿波国」）。その三社とは、一宮神社（徳島市一宮町）・上一宮大粟《かみいちのみやおおあわ》神社（名西郡神山町神）・天石門別八倉比売《あまのいわとわけやくらひめ》神社（徳島市国府町）だという。

福家氏の説をまとめると、大粟神社の社司が阿波国衙《こくが》の在庁官人を務めていたため大粟神社が実質的な一宮であったのだが、その分霊を一宮神社として祀ることで一宮制度が確立された。しかし、南北朝になると、細川氏の守護所に近く、『延喜式』の名神大社でもあった大麻比古神社が新たに一宮の地位を得ることとなった。これに対して天石門別八倉比売神社は阿波国でもっとも神階の高い神社であった。

阿波忌部氏の祖神を祀る

福家氏は触れていないが、一宮制度の成立の背景に忌部《いんべ》氏があったことを考えねばならないだろう。

阿波忌部氏は宮中の幣帛《へいはく》（供物）の調進や神殿の普請などを司った忌部氏の支族で、朝廷の神事で用いられる神具を作ることに従事したとされる。そして、阿波に渡ってこの地方を開拓したともいわれ、神話では祖神・天日鷲命《あめのひわしのみこと》は一族の者を引き連れて阿波に渡り、麻を植えるなどして開発を進めたという。

当社の祭神の大麻比古大神は、天日鷲命の祖先で忌部氏の祖神である天太玉命《あめのふとだまのみこと》（天富命《あめのとみのみこと》）のこととする。阿波国には天日鷲命を祀る忌部神社もあり、忌部氏の勢力が大きかったことがわかる。

なお、安房《あわ》国一宮の安房神社は阿波忌部氏の一部が安房に移住して建てたものとされる（安房国参照）。

一宮

田村神社

◉たむらじんじゃ

所在地＝香川県高松市一宮町
主祭神＝田村大神《たむらのおおかみ》

二宮

大水上神社

◉おおみなかみじんじゃ

所在地＝香川県三豊市高瀬町羽方
主祭神＝大山積命《おおやまつみのみこと》・宗像大神《むなかたのおおかみ》・保牟多別命《ほむだわけのみこと》

◎三宮＝なし

床下に深淵がある一宮

讃岐国の一宮と二宮は水源信仰で結ばれている。

言い伝えによると、田村神社の本殿下には深い淵があるのだという。この伝承は江戸時代の名所記などにも載っているので、広く知られたものであるらしい。田村神社の公式ホームページではこう説明している。「当社の奥殿の床下には深淵があり、厚板でこれを覆い殿内は盛夏といえども凄冷の気が満ちていて古くから神秘を伝えている。又領内で水旱があれば領主奉行は必ず先ず当社に祈願したといい、定水大明神《さだみずだいみょうじん》と称される所以である。奥殿深淵には龍が棲み、覗いたものは絶命するとされて、開かれたことがない」

雨が少なく、農業用水の確保に苦労してきた讃岐の人々は、霊験あらたかな水神を深く崇敬してきたのだろう。

なお、創建は和銅《わどう》二年（七〇九）とするが、嘉祥《かしょう》二年（八四九）に従五位下の神階が授けられたとする『続日本後紀《しょくにほんこうき》』の記事が文献上の初見という。

山の水源を祀る神社

大水上神社は社名からして水源信仰を示している。

祭神は一見すると水源と関係なさそうに見えるが、実は深い関係がある。大山積命《おおやまつみのみこと》は山の神であるが、当社では三島龍神とも呼ばれており、山中の水源の神を表わしていると思われる。また、宗像大神はもとは海の神であったが、中世以降は弁才天《べんざいてん》の信仰と習合して水の神として信仰されるようになった。こうしたことから、当社はこの地区の祈雨信仰の中心的存在となっていた。

保牟多別命《ほむたわけのみこと》（応神天皇）が祭神に含まれているのが謎であるが、おそらく八幡信仰の影響であろう。

一宮

大山祇神社
◉おおやまづみじんじゃ

所在地＝愛媛県今治市大三島町宮浦
主祭神＝大山積神《おおやまづみのかみ》

◎二宮＝なし　◎三宮＝なし

瀬戸内の島に鎮座する山の神

讃岐国のところで述べたように、大山積神は山の神である。島に山の神が祀られるのは不思議な感じもするが、島の中央部にそびえる鷲ケ頭山《わしがとうざん》が航海の目印にされたからともいわれる。実際、『伊予国風土記《いよのくにふどき》』逸文《いつぶん》には「乎知《おち》の郡、御嶋《みしま》、坐《いま》す神の御名は大山積神、一名《またのな》は和多志《わたし》の大神なり」と述べ、航海を守る「渡し」の神であることを示唆している。

大山祇神社が鎮座する大三島《おおみしま》は、たんに航海の目印であったわけではない。芸予諸島の中央に位置し、海上交通の要衝でもあった。大山祇神社の社務を統括するとともに大三島を治めた大祝《おおほうり》氏(越智氏）は、この地の利と大山祇神社の宗教的権威をもって周辺諸島の水軍を統合し、制海権を押さえていた。やはり越智氏の一族で河野水軍を率いて源平合戦・元寇で活躍した河野氏も、大山祇神社を氏神として崇敬していた。

大山祇神社の拝殿

大山祇神社が一宮となった背景には、こうした大祝氏・河野氏の活躍があったものと思われる。

能因法師が雨乞いの歌を奉納

『金葉和歌集』によると、平安後期の歌人・能因《のういん》法師は、伊予の国司・藤原範国《のりくに》の依頼で雨乞いの和歌を大山祇神社に奉納したという。その歌を祭神も嘉したのか、間もなく雨は降り出したそうだ。この逸話は赤染衛門《あかぞめえもん》が真清田《ますみだ》神社に歌を奉納して国人たちの反乱を収めたというエピソードを思い起こさせる(尾張国参照)。いずれも国人の生活に直接関わる実際的な祈願であった。

一宮は人々のそうした実際的な願望を引き受けることで、国衙の行政を助けていたのである。

一宮

土佐神社

◉とさじんじゃ

所在地＝高知県高知市一宮しなね
主祭神＝味鉏高彦根神《あじすきたかひこねのかみ》・一言主神《ひとことぬしのかみ》

二宮

小村神社

◉おむらじんじゃ

所在地＝高知県高岡郡日高村下分
主祭神＝国常立命《くにのとこたちのみこと》

◎三宮＝なし

賀茂氏の祖神を祀る土佐神社

土佐神社の歴史は古く、すでに『日本書紀』に記述が見られる。天武《てんむ》天皇四年（六七五）三月一日の条に「土左大神、神刀《あやしきたち》一口を以て天皇に進る《たてまつ》」とあるものがそれで、朱鳥《しゅちょう》元年（六八六）八月十三日の条にも「秦忌寸石勝《はたのいみきいわかつ》を遣《まだ》して幣《みてぐら》を土左大神に奉る」とある。ここから、七世紀には朝廷が奉幣を行なうほど神威が知れわたっていたことがわかる。

興味深いのはその祭神で、『土佐国風土記《とさのくにふどき》』逸文《いつぶん》には「郡家を西に去ること四里、土左高賀茂《とさたかかも》神社有り。其の神名を一言主尊と為す。其の祖、詳《つまび》らかならず。一説に曰く、大穴六道尊《おおあなむじのみこと》の子、味鉏《あじすき》高彦根尊《たかひこねのみこと》とす」

高賀茂とは奈良の葛城山麓の地域のことで、賀茂氏の本拠地の一つであった（京の上賀茂・下鴨神社を建てた賀茂氏と同族かについては議論がある）。この葛城山に鎮座する神が一言主神であった。また、味鋤（鉏・耜）高彦根神は賀茂氏の祖神とされる。『続日本紀《しょくにほんぎ》』には高鴨神が雄略《ゆうりゃく》天皇によって土佐に流されたことが記されているが、これは賀茂氏の土佐移住の事情を伝えるものなのかもしれない。

こうした背景をもつ土佐神社であるが、中世には土佐の信仰の中心的存在となり、歴代の土佐統治者の保護を受けた。

国宝の剣を神体とする小村神社

熱田神宮（尾張国）のように剣を神体とする神社は少なくないが、国宝に指定されているのは珍しい。小村神社のものは古墳時代末期の直刀で金銅荘環頭大刀《こんどうづくりかんとうたち》という。この地には独特の神剣信仰でもあったのか、末社の剣神社・仁井田《にいだ》神社・秋葉神社も剣を神体にしているという。

なお、朝倉《あさくら》神社（高知市朝倉丙）を二宮とする説もある。

一宮
住吉神社
◉すみよしじんじゃ

所在地＝福岡県福岡市博多区住吉
主祭神＝底筒男神《そこつつのおのかみ》・中筒男神《なかつつのおのかみ》・表筒男神《うわつつのおのかみ》

一宮
筥崎宮
◉はこざきぐう

所在地＝福岡県福岡市東区箱崎
主祭神＝応神天皇《おうじんてんのう》（八幡大神）・神功皇后《じんぐうこうごう》・玉依姫命《たまよりひめのみこと》

◎二宮＝なし　◎三宮＝なし

神功皇后神話の中心地

神功皇后の神話は北九州から中国地方西部にかけて分布しているが、とくに筑紫《つくし》に色濃く残っている。たとえば、宗像《むなかた》大社は住吉大神とともに神功皇后の遠征を守護した神を祀る神社であるし、香椎宮《かしいのみや》は遠征の間、仲哀《ちゅうあい》天皇の棺を椎の木に掛けておいた地とされる。筑前国一宮とされる住吉神社と筥崎宮も、皇后ゆかりの神社である。

いずれも由緒があり、社格も高く、一宮としての資格を備えているように見えるのだが、はっきりとここが一宮だといえるところはない。『大日本一宮記』や『一宮巡詣記』などは筥崎宮を一宮としているが、中世以前の史料でこれを裏づけるものはない。松薗斉氏は住吉神社が一宮だったという説をとっているが、これについても「確認できるのは南北朝期以降であり、国衙《こくが》・一宮制の主たる対象期間である平安末から鎌倉期については確証がないので、あくまで一つの説」であるとい

住吉神社の境内

住吉神社の神門

筥崎宮の鳥居

う（「筑前国」『中世諸国一宮制の基礎的研究』）

筑前国には大宰府という特殊な行政機関があったため、一宮制度が発展しきれなかったのかもしれない。

住吉神社と筥崎宮の由緒

『古事記』は伊邪那岐大神《いざなぎのおおかみ》が竺紫（筑紫）の日向《ひむか》の橘の小門《おど》の阿波岐原《あはきはら》で、禊《みそぎ》をした時に住吉大神が生まれたと述べるが、筑前の住吉神社はこれを博多湾のことだとし、ここから住吉神社発祥の地とし、住吉本社ともいう。

筥崎宮は神功皇后が応神天皇を産んだ時の胞《え》衣《な》を箱に入れて埋めた地とされ、三大八幡宮の一つに数えられる。醍醐《だいご》天皇が「敵国降伏」の御宸筆《ごしんぴつ》を下賜したことでも知られる。

筥崎宮の楼門

一宮

高良大社

◉こうらたいしゃ

所在地＝福岡県久留米市御井町
主祭神＝高良玉垂命《こうらたまたれのみこと》

◎二宮＝不詳　◎三宮＝不詳

もう一つの神功皇后神話

高良大社の祭神・高良玉垂命も謎に満ちている。五代の天皇と神功《じんぐう》皇后に仕えたとされる功臣・武内宿禰《たけのうちのすくね》という説や彦火火出見尊《ひこほほでみのみこと》とする説などがあるが、本来は高良山に降臨した神ということだろう。

この高良神社には、「記紀」や住吉神社（大社）などが伝えるものとは少し異なる神功皇后神話が残されている。神社の公式ホームページから引用する。

「仲哀《ちゅうあい》天皇の御世、異国の兵が筑紫(九州)に攻め込んできました。西に下った神功皇后が追い返し、筑前国四王子嶺に登って神仏に助けを祈られた時、高良玉垂命という神が住吉の神と共に初めてご出現されたと伝わります」

ここで思い起こされるのが高良大社の神域を囲むように並べられている千三百個もの巨石、神籠《こうご》石《いし》だ。古代の山城跡であるらしいので、神話のもとになるような戦いが実際にあったのかもしれない。

なお、同様の神話は長門《ながと》国二宮の忌宮《いみのみや》神社にも伝わっている。

武将化した大祝

高良大社は『延喜式』で名神《みょうじん》大社に選ばれるほどの由緒ある神社であるが、平安中期頃より仏教との習合が進み、山内には多くの堂塔が建てられた。そして、寺院側の座主《ざす》と神社側の大宮司・大祝《おおはうり》の三人で山内を統括するようになっていった。

戦国期には座主・大祝が武将化し、山内の衆徒を率いて戦闘を行なうようになった。しかし、豊臣秀吉の九州征伐により、その所領を没収されてしまった。

高良大社の境内

一宮

宇佐神宮◉うさじんぐう

所在地＝大分県宇佐市大字南宇佐
主祭神＝八幡大神《はちまんおおかみ》（応神天皇）・比売大神《ひめおおかみ》（多岐津姫命《たぎつひめのみこと》・市杵嶋姫命《いちきしまひめのみこと》・多紀理姫命《たぎりひめのみこと》）・神功皇后《じんぐうこうごう》

◎二宮＝なし　◎三宮＝なし

謎の八幡大神

宇佐神宮を総本宮とする八幡宮・八幡神社は稲荷神社とともに日本でもっとも分社・分祠が多い神社である。しかし、その起源は謎に満ちている。

現在、八幡大神は応神《おうじん》天皇の神霊とされているが、この説が広まったのは八〜九世紀以降のことらしい。それ以前は託宣によって神意を現わすシャーマニズム的な神と信じられていたと考えられる。

八幡信仰の性格を複雑にしているのは、一つの氏族が奉斎していた神ではなく、いくつもの氏族の信仰が混入していることにある。宇佐神宮についていえば、八幡大神が降臨したという馬城峯《まきのみね》（大

宇佐神宮の勅使門

元山）の磐座《いわくら》を祭祀場としていた宇佐氏、朝鮮半島からの渡来系氏族と思われる辛嶋《からしま》氏、大和からの移住者と考えられる大神《おおが》氏の信仰が核となっているとされる。

しかし、八幡信仰（または八幡信仰に発展した基層信仰）は宇佐神宮の影響圏に限らず、九州全体に広まっていたものと思われる。八幡大神の信仰が朝廷にも伝わり、国家的な神として認められていくに従って、宇佐神宮を中心に神格や神話が統合されていったのだろう。このため同じ八幡信仰でも地域によって性質が異なっている。筥崎宮《はこざきぐう》（筑前国）は神功皇后信仰の色合いが濃く、大隅正《おおすみしょう》八幡宮とも呼ばれた鹿児島神宮（大隅国）は応神天皇を祭神としない信仰を伝えている。

皇祖神にして大菩薩

こうした八幡神が応神天皇と同一視されるようになった背景には、北九州中心に広まっていた神功皇后《じんぐう》（応神天皇の母）信仰があったことは疑いない。地方の神社の霊威が朝廷に認められ公に祀られるべきものとされるためには、その祭神を記紀神話に関係づける必要があった。しかし、宇佐神宮は朝廷との接触が比較的遅かったうえに、神の性質が独特であったため神代の神と関係づけるのは難しかった。そこで、九州人には馴染み深い神功皇后の皇子が選ばれたのであろう。

いっぽう、八幡信仰はいち早く仏教と習合したことでも知られる。八幡大神は八幡大菩薩とも呼ばれ、神像も僧形《そうぎょう》八幡といって僧の姿で表わされた。

もともと外来の信仰の要素をもっていたので仏教と結びつきやすかったということもあるだろうが、これもやはり中央への進出のためだった可能性がある。

当時、朝廷は仏教を国家統一のイデオロギーとして中央集権化を推し進めていた。伝統的な神祇信仰では氏族ごとに独自の信仰があったので、国家標準を作るのは難しかったためで、国分寺の建設はまさにその集大成といえるものであった。

そうしたなかにあって仏教に権威を認められた神ということになれば、朝廷もその存在を尊重せざるをえない。事実、八幡大神は大仏建立を守護するという名目で上京し、国家鎮護の神としての地位を得ていったのである。

国家鎮護の武神

しかし、八幡信仰がこれほど広まることになったのは、国家的危機、とくに外寇の時に霊験を現わすと信じられたからであった。八幡大神が広く知られるようになった二つの事件、養老《ようろう》四年（七二〇）の隼人《はやと》反乱の鎮圧と神護景雲《じんごけいうん》三年（七六九）の道鏡《どうきょう》皇位簒奪の阻止もそうした霊験の現われと信じられた。

このため元寇といった国家的危機を迎えるたびにその信仰が広まり、分社が造られていった。一宮に八幡大神を祀る神社が多いのも、こうしたことと無関係ではないだろう。

源氏をはじめとした武士が八幡大神を「氏神」として崇敬したのも、国家の鎮守としての武神の姿に自らの理想を重ね合わせていたからではないだろうか。

一宮

柞原八幡宮

●ゆすはらはちまんぐう

所在地＝大分県大分市上八幡三組
主祭神＝応神天皇《おうじんてんのう》・仲哀天皇《ちゅうあいてんのう》・神功皇后《じんぐうこうごう》

一宮

西寒多神社

●ささむたじんじゃ

所在地＝大分県大分市寒田
主祭神＝西寒多大神《ささむたのおおかみ》

◎二宮＝なし　◎三宮＝なし

西寒多神社を探しあぐねた橘三喜

豊後国一宮は柞原八幡宮（由原宮）と西寒多神社の二つの論社がある。『大日本一宮記』『一宮巡詣記』『豊後国志』などは西寒多神社一宮説をとる。国内唯一の式内大社であったからだろう。

しかし、『一宮巡詣記』の作者・橘三喜《たちばなみつよし》が豊後を訪れた時、西寒多神社は一宮であることばかりか、その存在さえ忘れかけられていたらしい。紀行文にはこう書かれている。

「由原山へまかりて、西寒多の社を尋けれ共《ども》、社人・社僧何《いず》れも知らざるよしを告ぬ、此所《ここ》に十日余りも止る内に、寒田村有《あり》と聞て尋行《たずねゆく》、是《これ》こそ一宮ならんと詣でけるに、日数へて津守村の宮も来り、西寒多の社の事、委《くわ》しく語りぬ、此《この》宮守を案内にして、羽田村の田の中に少し藪有内《やぶあるうち》に僅の小社有、昔棟札有りし写《うつし》なりとて、扉を開き尋けるに、西寒多社と書付有」

橘三喜は感無量に書いているが、研究者は西寒多神社を一宮とするのには否定的だ。

宇佐神宮の別宮として発展した柞原八幡宮

しかし、私は西寒多神社説に若干の未練がある。というのは、ここは神功《じんぐう》皇后ゆかりの地とされるからだ。社伝によると、遠征から帰国した神功皇后が西寒多山に登って国見をし、白旗を立てたのが神社の起源だという。

これに対し柞原八幡宮は移植された八幡信仰であるらしい。社伝では、延暦寺の金亀《こんき》和尚が天長《てんちょう》四年（八二七）に宇佐神宮の神霊を柞原山に勧請したことを起源とするとしている。

吉良国光氏は柞原八幡宮が一宮となった過程を次のように推測している。「恐らく当初は由原宮周辺の生石・賀来・大辰・小原・来鉢等の住民により祀られていたと思われるが、その後天台系密教との融合や宇佐八幡宮の別宮化を図り、更に、豊後国衙《こくが》・国司との結びつきを強め、それにより豊後国一宮として成立したものと思われる」（『中世諸国一宮制の基礎的研究』「豊後国」）

一宮
千栗八幡宮
◉ちりくはちまんぐう

所在地＝佐賀県三養基郡みやき町大字白壁字千栗
主祭神＝応神天皇《おうじんてんのう》・仲哀天皇《ちゅうあいてんのう》・神功皇后《じんぐうこうごう》

一宮
與止日女神社
◉よどひめじんじゃ

所在地＝佐賀県佐賀市大和町川上
主祭神＝與止日女命《よどひめのみこと》

◎二宮＝なし　◎三宮＝なし

百四十一年間続いた一宮相論

一宮の地位をめぐる争いは長引く傾向があるが、肥前国のケースはとくに長い。慶長《けいちょう》十九年（一六一四）に始まり、宝暦《ほうれき》五年（一七五五）まで続いている。事の起こりは後陽成《ごようぜい》天皇が與止日女神社（当時は河上《かわかみ》神社）に「大日本国鎮西肥前州第一之鎮守宗廟河上山正一位淀姫大明神一宮」という勅額を下賜したことに始まるという。ちなみに、天皇はその五年前に千栗八幡宮にも「肥前

千栗八幡宮の鳥居

千栗八幡宮の拝殿と本殿

国総廟《そうびょう》一宮鎮守千栗八幡大菩薩」の勅額を下賜している。

論争は藩主をも巻き込むほどに過熱したが、現代の研究者は河上神社が証拠とした文書は改竄されているとみている（大塚統子「肥前国」『中世諸国一宮制の基礎的研究』ほか）。

井上寛司氏は肥前国における與止日女神社の位置づけを「嘉応二年（一一七〇）三月十日の肥前国留守所下文案には「当国第一之鎮守」とあって、国府城に位置することもあって、国衙《こくが》との緊密な関係から一宮に準じる位置を占めていたことも事実」としている（『日本中世国家と諸国一宮制』）

五所別宮と神功皇后の妹神

千栗八幡宮は、郡司の壬生《みぶ》春成《はるなり》が神亀《じんき》元年

與止日女神社の拝殿と本殿

（七二四）に八幡大神の神託を受けて、千根の栗が生えている霊地に社殿を建てたことに始まるという。その後、大分八幡宮、藤崎八旛宮、鹿児島神宮（大隅正八幡宮）、新田神社とともに五所別宮と呼ばれ、宇佐神宮同様に宗廟《そうびょう》（皇祖神を祀る神社）として崇敬された。

いっぽう、欽明《きんめい》天皇二十五年（五六四）創建と伝えられる與止日女神社の祭神・與止日女命は、神功皇后の妹と伝えられる（異説もある）。落合偉洲氏によると、「佐賀県を中心とする北九州地方に、淀姫神《よどひめのかみ》（与止日女神）を奉斎する神社が多くある。そのなかでも、佐賀県の嘉瀬川流域には六社鎮座している」（「淀姫神社」『神社辞典』）とする。当社もその一社である。

一宮

阿蘇神社

◉あそじんじゃ

所在地＝熊本県阿蘇市一の宮町宮地
主祭神＝健磐龍命《たけいわたつのみこと》ほか十一柱

二宮

甲佐神社

◉こうさじんじゃ

所在地＝熊本県上益城郡甲佐町大字上揚
主祭神＝甲佐明神《こうさみょうじん》（八井耳玉命《やいみみたまのみこと》）

三宮

藤崎八旛宮

◉ふじさきはちまんぐう

所在地＝熊本県熊本市中央区井川淵町
主祭神＝応神天皇《おうじんてんのう》・仲哀天皇《ちゅうあいてんのう》・神功皇后《じんぐうこうごう》

阿蘇山に鎮座する大いなる神

主祭神のところでは略したが、阿蘇神社には、健磐龍命・比咩《ひめ》神（阿蘇津姫命《あそつひめ》）・國龍《くにたつ》神（吉見《よしみ》神）・比咩御子《ひめみこ》神・彦御子《ひこみこ》神・若比咩《わかひめ》神・新彦《にいひこ》神・新比咩《にいひめ》神・若彦《わかひこ》神・彌比咩《やひめ》神・國造《くにのみやつこ》神（速瓶玉命《はやみかたま》）・金凝《かなこり》神の十二柱の神を祀っている。

これら十二神は健磐龍命の妻や子孫といった親類に当たるのだが、面白いのは祭神の配置の仕方

阿蘇神社の拝殿

で、一の神殿に男神五柱、二の神殿に女神五柱を祀り、諸神殿に國造神と金凝神、それに全国の式内社の神を祀っている。

社伝によると健磐龍命は神武《じんむ》天皇の孫で、天皇の命により阿蘇地方を平定したという。しかし、もともとは阿蘇山を神格化したものだったと思われ、外輪山を蹴り崩してカルデラ湖の水を流したといった壮大な神話が伝わっている。

また、阿蘇神社には鬼八《きはち》という鬼神の伝説もある。健磐龍命の家来であったが無礼を働いたので首を切られたといわれる。その霊が霜を降らせたので霜宮を建て火焚き神事を行なって慰めたと伝えられるが、この神話は吉備津《きびつ》神社（備中国）の吉備津彦命と温羅《うら》の神話を思わせる。

神聖領主・阿蘇氏

阿蘇神社は健磐龍命の子孫とされる阿蘇氏が祭祀を司っていた。阿蘇氏は阿蘇国造ともなり、阿蘇を宗教と政治の両面で支配していた。杵築《きつき》大社（出雲大社）の宮司で出雲国造を務めた出雲臣《いずものおみ》とよく似ているが、中世以降、阿蘇氏は武士化して祭祀から離れていった。そして、その勢力を拡大し、肥後国の大半を支配するようになった。

武士化したのちも阿蘇氏の血筋は神聖視されていた。阿蘇氏はその権威を誇示するために大々的な狩り（下野狩《しものがり》）を行なった。これは家臣団の軍事訓練であるとともに、阿蘇神社にイノシシや鹿などの供物を供えるための神事でもあった。

いっぽう、そうした阿蘇氏や阿蘇神社に対し、国衙《こくが》はしだいに距離をおくようになっていったという。このため国衙に近い藤崎八旛宮が実質的な一宮であったと考える研究者もいる。

二宮と三宮について

肥後国二宮の甲佐神社は健磐龍命の御子神である八井耳玉命を祀る。この神は健磐龍命が朝鮮半島に渡った後、連れてきた対馬の女性とのあいだに生まれた子であるとされ、七歳で甲佐へ封じられたとされている。

こうした由緒からもわかるように、当社は阿蘇神社の末社的存在で、二宮として独自に活動した様子はない。

なお、当社は国宝の「蒙古襲来絵巻」が奉納されていたことでも知られる。肥後の御家人・竹崎季長《すえなが》は元寇の時の武勲が認められて甲佐の地頭となったので、その活躍を記した絵巻を甲佐神社に奉納したのだという。

三宮の藤崎八旛宮は「承平《じょうへい》五年（九三五）に朱雀《すざく》天皇が平将門の乱平定を祈願され、山城国（京都）石清水《いわしみず》八幡大神を国家鎮護の神として、茶臼山（今の藤崎台球場）に勧請されたのに始まる。鎮座の日、勧請の勅使が藤の鞭を三つに折って、三ヵ所に埋めたところ、この地に挿した鞭から、やがて芽が出て枝葉が繁茂したので、藤崎宮の名称が起こったと伝えられている」（公式ホームページによる）

先に述べたように、阿蘇神社は国衙から遠く、国司の統治から半ば独立した勢力を保っていたことから、実質的な一宮として機能していたと考える研究者もいる。「修造は常に勅命によって、時の国主が承平草創の例にならい造営する伝統が踏襲されていた」（同右）のも、そのためとされる。江戸時代に入っても、十三年ごとの社殿の式年造替《しきねんぞうたい》や諸祭事は熊本藩の藩費で賄われていた。

なお、当社が「八旛宮」と表記するのは、天文《てんもん》十一年（一五四二）に授かった後奈良《ごなら》天皇宸筆《しんぴつ》の勅額に由来するのだという。

一宮

都農神社

◉つのじんじゃ

所在地＝宮崎県児湯郡都農町大字川北
主祭神＝大己貴命《おおなむちのみこと》

◎二宮＝不詳　◎三宮＝不詳

日向国一宮は都農神社か？

現在の都農神社は立派な神門・拝殿を構えており、一宮の称号にふさわしい偉容をみせている。しかし、『一宮巡詣記』の作者・橘三喜《たちばなみつよし》が訪れた時は、かなり衰亡していたようだ。

「十三日申《さる》の剋《こく》、津野村に至り、大明神へまふてぬるに、豊後の国主大友宗麟《おおともそうりん》薩摩をせめし時、あまたの社を焼はらひ、縁記（縁起）・古記・御宝物抔悉《などことごと》く失ぬ、其後《そのご》取立る人もなしとて、僅の小社となり、御名さへも知らず、只《ただ》明神とのミいへり、されども年老たる宮守を尋出《たずねいだ》して、古キ事共語らせ、棟札などを見て、日向の一宮とは知りぬ、是《これ》によりて豊葦原一宮記を書て、宮守のもとへ遺し侍りぬ」

しかしながら、井上寛司氏は都農神社一宮説に否定的である。「建久《けんきゅう》八年（一一九七）の日向国図田帳にその名が見えないなど疑問が多く、むしろ（略）妻万《つま》社が一宮であった可能性が高く、一宮の呼称が成立しなかった事例に属すことも考えられる」（『日本中世国家と諸国一宮制』）

日向国一宮については研究者によって意見が分かれるようであるが、現在一宮として機能しているのは都農神社だけであるので、ここでは都農神社としておく。

神功皇后に由来する神事

しかし、ここで都農神社が一宮である可能性をもう一つあげておいてもよいだろう。それは、当社が神功《じんぐう》皇后ゆかりの神社であるということである。

社伝では、神武天皇が東征の途上、当地で大己貴命を祀って武運や国土の安穏などを祈念したことが当社の起源とする。その後、神功皇后が新羅に遠征するに当たって都農大神を軍船に請じたという。地元の人々が浜から海水と清浄な小石を持ってきて神域を清める「浜下り」と呼ばれる神事は、この神功皇后の遠征に従った都農大神の戦勝を里人が身を清めて祈ったことに始まるという。

福島金治氏は「都農社の神階授与の背景には、同社が神功皇后と関係していたことが『日向国風《ふ》土記《どき》』に記述されるように、「皇神」として扱われていたことが想定されている」（『中世諸国一宮制の基礎研究』「日向国」）としている。

一宮

鹿児島神宮

◉かごしまじんぐう

所在地＝鹿児島県霧島市隼人町内
主祭神＝天津日高彦穂穂出見尊《あまつひこひこほほでみのみこと》・豊玉比売命《とよたまひめのみこと》

二宮

蛭児神社

◉ひるこじんじゃ

所在地＝鹿児島県霧島市隼人町内
主祭神＝蛭児尊《ひるこのみこと》

◎三宮＝なし

もうひとつの八幡信仰

鹿児島神宮が神宮号を用いるようになったのは明治七年（一八七四）からのことで、それまでは大隅正八幡宮《おおすみしょうはちまんぐう》とか鹿児島神社などと呼ばれていた。祭神も今は天津日高彦穂穂出見尊とされているが、正八幡宮と呼ばれていた頃は神功《じんぐう》皇后・応神《おうじん》天皇・仲哀《ちゅうあい》天皇とされていた（暦応二年＝一三三九年の「大隅正八幡宮講衆殿上等申状写」）。延宝《えんぽう》三年（一六七五）に当社を訪れた橘三喜《たちばなみつよし》も、神主から「此《この》社ハ本地日の神也、神功后宮三韓に趣《おもむき》給ひし時、皇軍此神を祈り、終《つい》に其《その》しるし顕る、後又神功・応神をいはひそへ、鹿児島神社共、正八幡宮共申伝ゆる」と言われている。

しかし、八幡宮とはいうものの、宇佐神宮（豊前国）などとは祭神を異にするともいわれる。それは次の伝説からも読み取れる。

「天承《てんしょう》元年（一一三一）四月、本殿の東北に二体の石神が出現し、八幡の二字が読取れ、朝野は挙げてその奇瑞を尊んだ」（白井永二「鹿児島神宮」『神社辞典』）

おそらく宇佐神宮によって統一される前の八幡信仰の片鱗を伝えているのだろう。

山幸彦の宮殿

鹿児島神宮に八幡信仰が取り込まれたのが伝説のいうように十二世紀のことなのか、それとも、もともと基層信仰としてもっていたのか慎重に検討しなければならないが、社伝では神武天皇が祖父の彦穂穂出見尊《ひこほほでみのみこと》（山幸彦ともいう）を祀る社として創建されたという。すなわち、彦穂穂出見尊が綿津見神《わたつみのかみ》（海神）の宮から豊玉姫命《とよたまひめのみこと》とともに戻ってきて宮殿を営んだのが当地だというのである。

二宮の蛭児神社は伊弉諾尊《いざなぎのみこと》・伊弉冉尊《いざなみのみこと》の第一子の蛭児尊を祀る。不肖の子として船で流されたとする神を祀るこの神社が、どうして二宮であるのかなど詳細は不明。

一宮
枚聞神社
◉ひらききじんじゃ
所在地＝鹿児島県指宿市 開聞十町
主祭神＝大日孁貴命《おおひるめむちのみこと》（天照大神）

一宮
新田神社
◉にったじんじゃ
所在地＝薩摩川内市宮内町
主祭神＝天津日高彦火瓊瓊杵尊《あまつひこひこほのににぎのみこと》

◎二宮＝不詳　◎三宮＝不詳

弘安の相論と枚聞神社

弘安《こうあん》十年（一二八七）から正応《しょうおう》年間（一二八八〜九三）にかけて、薩摩国一宮の地位をめぐって枚聞神社と新田神社の間で相論があった。幕府が蒙古退散の祈祷を諸国の一宮に命じたことがきっかけであったが、守護職の島津氏が新田神社の訴えを認めたため、以後は新田神社が薩摩国一宮を称するようになった。

しかし、『大日本一宮記』や『一宮巡詣記』などはこの判定を認めず、枚聞神社を一宮としている。ただ、興味深いのは、祭神を今のように大日孁貴命とはせず、塩土翁神《しおつちのおぢのかみ》と猿田彦命《さるたひこのみこと》としていることだ。社号も和多都美《わたつみ》神社とし、「枚聞神社とも号する」としている。

「おかいもんさま」という通称からもわかるように、当社の起源は開聞《かいもん》岳への信仰にあった。恐ろしい火山であるとともに、外洋航海の目印でもあった開聞岳は、荒ぶる神でもあり、海上安全の神でもあった。定期的に日本に使節を送っていた琉球王が信仰し額を奉納したのも、当社が海の安全を守る神であったからだろう。

枚聞神社の境内

八幡宮から瓊瓊杵尊の社に

新田神社は古くは新田八幡宮と呼ばれており、八幡大神と神功《じんぐう》皇后を祀る神社であったらしい。日隈正守氏は八幡宮化したのは十一世紀中頃としているが（『中世諸国一宮制の基礎研究』「薩摩国」）、あるいは長徳《ちょうとく》三年（九九七）の奄美島人の来襲が関係しているのかもしれない。しかし、その後、天照大神の孫で高天原から地上に降臨した神の瓊瓊杵尊を祀ると信じられるようになった。境内の北側にある可愛山陵《えのみささぎ》は瓊瓊杵尊の墓といわれている。

一宮

天手長男神社

◉あまのたながおじんじゃ

所在地＝長崎県壱岐市郷ノ浦町田中触
主祭神＝天忍穂耳尊《あめのおしほみみのみこと》・天手力男命《あめのたぢからおのみこと》・天鈿女命《あめのうずめのみこと》

◎二宮＝不詳　◎三宮＝不詳

外寇・国防の最前線

隠岐《おき》もそうだが、壱岐は「国」とするには小さすぎるように思える。おそらく、これらの島が「国」扱いをされたのは、外交や国防における重要性からであろう。壱岐・対馬・隠岐は大陸に向かって開かれた玄関であるとともに、国土防衛ラインでもあった。

そうした視点から壱岐の神社を見てみると、住吉神社・香椎《かしい》神社・箱崎（筥崎）神社・八幡宮と神功皇后《じんぐう》ゆかりの神社が多いことに気づく。いずれも外敵退散の霊験をもつ霊威社だ。

天手長男神社は現在では天忍穂耳尊・天手力男命・天鈿女命を祀るとしているが、本来は神功皇后の新羅遠征において活躍した天手長男神を祀っていたと思われる。『宗像《むなかた》大菩薩縁起』によれば、宗像神は旗竿（御手長）を振り上げ振り下げして敵を翻弄したとされ、戦後、これを沖ノ島に立てたとされる。天手長男神は、この旗竿を神格化したものであろう。

失われた一宮

天手長男神社は『延喜式』に名が記されるほど神威が知られた神社であったのだが、度重なる戦火などにより、江戸時代には廃絶状態になっていた。延宝《えんぽう》三年（一六七五）に壱岐を訪れた橘三喜《たちばなみつよし》は、鉢形山の藪を掘り起こさせ、神鏡と二座の石体を掘り出したことから、ここを神社の跡と比定し、石社を建立したと『一宮巡詣記』に記している。天手長男神社は今もこの場所に鎮座している。

しかし、現代の研究者はこの説に否定的である。現在の興《こうの》神社が天手長男神社の後身とする説が有力になっている。なお、「興」とは国府のことで、壱岐国の最初の国府もこのあたりにあったのだという。

永留久恵氏によれば、「興神社」というのは、もと国府宮《こふのみや》と称したもので、『式社沿革考』に「古今、一ノ宮とも、国府宮とも、印鑰《いんやく》とも称し、延宝以前にも式内社と云へば、興神社は一ノ宮天手長男神社か」と考証している（「天手長男神社・天手長比売神社・物部布郡神社」『日本の神々』第一巻）。

一宮

海神神社

◉わたつみじんじゃ

所在地＝長崎県対馬市峰町木坂
主祭神＝豊玉姫命《とよたまひめのみこと》

◎二宮＝不詳　◎三宮＝不詳

どれが一宮の和多都美社か？

『大日本一宮記』は対馬国一宮を「和多都美社　八幡宮也、対馬上県郡」としている。いっぽう、『延喜式』には「わたつみ」とつく神社を上県郡《かみあがた》に二社、下県郡に二社あげている。これらの神社が現在のどの神社に当たるのか、非常に難しい問題である。対馬には「わたつみ」とつく、あるいはかつてそう呼ばれていた神社が数多く存在するからだ。

和多都美（綿津見・海神）は海の神のことなので、対馬に限らず港や海を見下ろす場所に祀られることが多い。とくに島嶼部で盛んに信仰されてきた。それゆえ、社名だけでは判断が難しいのだが、対馬国一宮については、『大日本一宮記』に「八幡宮也」とあることがヒントとなる。この条件に合うのは、上県郡の海神神社（上津八幡宮）と下県郡の厳原《いづはら》八幡宮（下津八幡宮）の二社である。

日隈正守氏は下津八幡宮が上津八幡宮の分社であることから上津八幡宮を対馬国一宮とした（『中世諸国一宮制の基礎的研究』「対馬国」）が、井上寛司氏は「ともに名神大社であった上津八幡宮と下津八幡宮の両社がセットをなす形で一宮に転化したものと考えられる」（『日本中世国家と諸国一宮制』）としている。

豊玉姫信仰と神功皇后信仰

この上津八幡宮こと海神神社も当初は和多都美神を祀っていたものと考えられる。八幡宮となったのは八幡大神のもつ外敵退散の霊験を期待してのことと思われるが、対馬には和多都美神と八幡大神を同一視する信仰もあったようだ。永留久恵氏は、『対馬紀事』（一八〇九年）は「当八幡宮の祭神を、彦火火出見尊《ひこほほでみのみこと》・豊玉姫命《とよたまひめのみこと》・鸕茅葺不合尊《うがやふきあえずのみこと》とし、これを八幡三所と称しているが、この三神はワタツミの祭神にほかならない」としている。

対馬の和多都美信仰は豊玉姫命とその御子神・鸕茅葺不合命を中心としたものであったので、神功《じんぐう》皇后と応神《おうじん》天皇の信仰と習合しやすかったのであろう。

第三章　一宮・二宮・三宮の祭神事典

《凡例》

ここでは諸国の一宮・二宮・三宮で祀られている祭神（主祭神）の主なものについて解説します。

事典として活用するとともに一宮制度の信仰を知るための読み物として通読もできるよう書いてみました。神の系譜や神話の体系、また他の祭神との関係がわかるよう、関連項は（↓）で示してあります。

なお、神名の表記・読みは原則として祭祀している神社のものによっています。そのため同じ意味の漢字でも複数の読みが混っており（たとえば、「天」の「あま」と「あめ」など）、同じ神でも複数の名前や表記が混在しています。また、『古事記』『日本書紀』とは異なる表記の場合があります。

神名の異称・別称は（↓通番）で解説のある項目を示しました。

また「祭神とする神社」の配列は、一宮の神社・二宮の神社・三宮の神社の順に書いてあります。

1　あじすきたかひこねのかみ（みこと）／味耜（鋤・鉏）高彦根神（命）・阿遅鉏高日子根神

〈祭神とする神社〉

◆土佐《とさ》神社（土佐国一宮）↓256ページ
◆仁壁《にかべ》神社（周防国三宮）↓242ページ

「あじしきたかひこねのかみ」とも読む。

大国主命《おおくにぬしのみこと》（↓40）と宗像三女神《むなかたさんじょしん》（↓24／市杵嶋姫命《いちきしまひめのみこと》・田心姫《たごりひめ》〈多紀理姫《たきりひめ》〉命《のみこと》・湍津姫《たぎつひめ》〈多岐津姫《たぎつひめ》〉命《のみこと》）の一神、田心姫命（多紀理毘売命）の間に生まれた御子神。

『古事記』は迦毛大神《かものおおかみ》とも呼ぶとする。ここから賀茂氏の祖神ともいわれる。『土佐国風土記《とさのくにふどき》』逸文《いつぶん》では土佐高賀茂大社《とさたかかもたいしゃ》（土佐神社）の祭神を一言主神《ひとことぬしのかみ》（↓118）としたうえで、「一説に曰く、（略）味鉏高彦根尊」として、葛城《かつらぎ》系の賀茂氏の祖神であることを示唆している。また、『出雲国風土記《いずものくにふどき》』にはヒゲが長く伸びる歳になっても泣いてばかりでしゃべらなかったとあり、須佐之男命《すさのおのみこと》（↓87）と似た神話を伝えている。

しかし、基本的な性格は神名に「耜（鋤・鉏）」があることからもわかるように、土地の開拓神であった。このため出雲文化圏や賀茂氏の勢力圏だけではなく、都々古別《つつこわけ》神社などの東北の神社でも祀られている。

なお、本居宣長《もとおりのりなが》は『古事記伝《こじきでん》』で「鉏」を「磯城《しき》」と読んで石畳の意にとっている。

2　あつたのおおかみ／熱田大神

〈祭神とする神社〉

◆熱田《あつた》神宮（尾張国三宮）↓124ページ

熱田神宮の公式ホームページによると、「熱田大神とは、三種の神器の一つである草薙神剣《くさなぎのみつるぎ》を御霊《みたま》代《しろ》・御神体としてよらせられる、天照大神のことです」とするが、その性格は複雑だ。草薙神剣は須佐之男命（↓87）が八岐大蛇《やまたのおろち》を退治した時に、その尾から出てきた霊剣で、日本武尊《やまとたけるのみこと》（↓140）が東征の時に携えたものであった。熱田信仰はこの神剣と日本武尊への信仰を核としつつも、その基層に尾張の地を開拓した尾張氏の祖神信仰、さらに地元の農業神の信仰が融合している。

3　あまつひこねのみこと／天津彦根命

〈祭神とする神社〉

◆多度《たど》大社（伊勢国一宮）↓98ページ

天津日子根命とも書く。天照大神（↓7）の御子神。須佐之男命（↓87）と天の安河原《やすかわら》で誓約《うけひ》（事が成就するかどうかで成否・善悪などを判断する占い）を行なった時、天照大神の勾玉《まがたま》を須佐之男命が噛んで生み出した神の一柱。

多度大社の公式ホームページによると、「『新撰姓氏録《しんせんしょうじろく》』には、犬上県主・蒲生稲置・菅田首・額田部連・額田部湯坐連・三枝部造・高市県主・奄智造・凡河内国造・凡河内直・津国造・山背国造・山背直・磐城国造・磐瀬国造・菊多国造・周淮国造・馬来田国造・師長国造・茨城国造・周防国造らの祖神とされる。その中にあって、桑名周辺に本拠を置く桑名首の斎《いつ》き奉る御祖神と記載され、この『新撰姓氏録』が編纂された平安時代初期には、すでに桑名周辺の人々の総氏神と崇められていたと思われる」としている。

4 あまつひこひこほのににぎのみこと／天津日高日子番能邇邇芸命・天津彦（日高）彦火瓊瓊杵尊

邇邇芸命《ににぎのみこと》・瓊瓊杵尊《ににぎのみこと》（神）（↓110）。

5 あまつひこひこほほでみのみこと／天津日高日子穂穂手見命・天津日高彦火火出見尊

日子穂穂手見命《ひこほほでみのみこと》・彦火火出見尊《ひこほほでみのみこと》（↓116）

6 あまてらしますすめおおみかみのみたま／天照坐皇大御神御魂

〈祭神とする神社〉

◆伊雑宮《いざわのみや》（志摩国一宮）↓102ページ

天照大神（↓7）のこと。天照坐皇大御神は伊勢神宮での称号。伊雑宮は伊勢神宮内宮《ないくう》の遙拝所（遙《とおの》宮《みや》）であるので、内宮の分霊を祀るという意味でこう呼ぶのであろう。

7　あまてらすおおみかみ／天照大神

〈祭神とする神社〉

◆枚聞《ひらきき》神社（薩摩国一宮）→282ページ

伊勢神宮内宮《ないくう》の祭神でもある。大日孁貴命《おおひるめむちのみこと》ともいう。伊弉諾尊《いざなぎのみこと》（→19）の娘神であるが、『古事記』では伊邪那岐命《いざなぎのみこと》が黄泉《よみ》から戻って禊《みそぎ》をした時に生まれたとするのに対し、『日本書紀』本文では伊弉諾尊と伊弉冉尊《いざなみのみこと》の国生みの最後に誕生するなど、伝承によって誕生の仕方が異なっている。月読命《つきよみのみこと》・須佐之男命《すさのおのみこと》（→87）とともに伊弉諾大神の御子神のなかでももっとも貴い神として「三貴子」と呼ばれる。月読命が月の神であるのに対し、太陽の神と考えられる。

岩屋に身を隠すと天地が闇に包まれたと語られる天の岩屋（天の石屋戸）神話は、日食を表わしているといわれるが、太陽神を祀る巫女《みこ》が太陽神と同一視されるようになったとする説もある。天空を統《す》べる神として高天原の神々を治めるとともに、天孫の邇邇芸命《ににぎのみこと》（→110）を派遣して地上（葦原中国《あしはらのなかつくに》）も統治させている。こうしたことや皇祖神（天皇の祖神）であることから、神道における最高神として扱われている。

8　あめのあかるたまのみこと／天明玉命

玉祖命《たまのおやのみこと》（→100）

9　あめのいわかどのわけのみこと／天石門別命

〈祭神とする神社〉

◆大祭天石門彦《おおまつりあめのいわかどのひこ》神社（石見国三宮）↓224ページ

天孫降臨《てんそんこうりん》に際して瓊瓊芸命《ににぎのみこと》（↓110）に随行した神の一柱。櫛石窓神《くしいわまどのかみ》・豊石窓神《とよいわまどのかみ》ともいうが、いずれの神名も神聖な門を守る神であることを表わしていると思われる。大祭天石門彦神社では手力男神《たぢからおのかみ》のこととしている。

10　あめのうずめのみこと／天鈿女命・天宇受売命

〈祭神とする神社〉

◆天手長男《あまのたながお》神社（壱岐国一宮）↓284ページ

巫女を神格化したと思われる女神。

天照大神（↓7）が天の岩屋（天の石屋戸）に隠れた際に、その前で胸乳を露わにし陰部に紐を垂らして踊り、天照大神を誘い出した神とされる。また、瓊瓊芸命《ににぎのみこと》（↓110）が地上に降下しようとした時に天の辻に立っていた猿田彦大神《さるたひこのおおかみ》（↓77）と相対峙して、その名前を聞き出した神でもある。このように神話では常に脇役ではあるが重要な場面で霊力を発揮しており、天つ神のなかでも中心的な神格であったことがわかる。また、女性の性の霊力を象徴する神ともいえる。猿田彦命と神婚したと伝えられ、宮中の祭祀に携わった猿女君《さるめのきみ》はその子孫とされる。神楽などの芸能の神としても信仰されている。なお、民間の神楽で天狗とおかめがペアで登場する場合は、猿田彦命と天鈿女命を表わしていることが多い。

11　あめのおしほみみのみこと／天忍穂耳尊

〈祭神とする神社〉

◆天手長男《あまのたながお》神社（壱岐国一宮）↓284ページ

◆泉穴師《いずみあなし》神社（和泉国二宮）↓88ページ

正しくは正哉吾勝勝速日《まさかあかつかちはやひ》天忍穂耳尊、または正勝吾勝勝速日天之忍穂耳命。天照大神（↓7）の御子神で邇邇芸命《ににぎのみこと》（↓110）の父神。妃神の栲幡《たくはた》千《ち》々《ち》姫命《ひめのみこと》（↓92）とペアで祀られることもある。天照大神の命を受けて地上統治に向かうはずであったが、武甕槌大神《たけみかづちのおおかみ》（↓96）・経津主大神《ふつぬしのおおかみ》（↓124）の地上平定を待つうちに邇邇芸命（↓110）が生まれたため、この任を息子に譲った。

12　あめのかごやまのみこと／天香山命・天隠山命

〈祭神とする神社〉

◆彌彦《やひこ》神社（越後国一宮）↓176ページ

「あめのかやまのみこと」とも読み、高倉下命《たかくらじのみこと》ともいう。神武《じんむ》天皇が熊野で悪神に悩まされていた時に霊剣を届けた神とされるが、彌彦神社の社伝では神武天皇の命により越後に渡って人々に漁業や製塩法、農業などを広めたという。『先代旧事本紀《せんだいくじほんぎ》』では物部《もののべ》氏の祖・宇摩志麻遅《うましまじ》（↓32）の兄とする。

13　あめのこやねのみこと／天児屋根命

〈祭神とする神社〉

◆枚岡《ひらおか》神社（河内国一宮）↓86ページ

天照大神（↓7）が天の岩屋（天の石屋戸）に隠れた時にその前で祝詞《のりと》を唱えた神。こうしたことから朝廷の祭祀を司った中臣（藤原）氏の祖神とされた。春日大社など藤原氏ゆかりの神社で祀られている。

14　あめのたぢからおのかみ／天手力雄神・天手力男神

〈祭神とする神社〉

◆雄山《おやま》神社（越中国一宮）↓170ページ
◆天手長男《あまのたながお》神社（壱岐国一宮）↓284ページ

天照大神（↓7）が天の岩屋（天の石屋戸）に隠れた時、その手を取って連れ出した神。岩屋の戸を開けた神といわれることが多いが、『古事記』と『日本書紀』本文は天照大神の手を引いたと述べている。戸を開けたとするのは『日本書紀』第三の一書《あるふみ》（別伝）。この神話から力持ちの代名詞とされてきた。なお、戸隠山は天手力雄神が投げ捨てた天の岩屋の戸だとされ、戸隠神社でも祀られている。

15　あめのひぼこのみこと／天日槍命

〈祭神とする神社〉

◆出石《いずし》神社（但馬国一宮）↓214ページ

「天之日矛命」とも書く。新羅の王子で、ある女性が陰部に日の光を受けて産んだ赤い玉の化身、阿《あ》加流比女《かるひめ》を妻にしたという。しかし、阿加流比女は罵られたことに腹を立てて日本に帰ってしまい、天日槍命も後を追ってきたが、海の神に遮られて難波には入れず、但馬《たじま》に鎮座したとされる。いっぽう、『播磨国風土記《はりまのくにふどき》』には大汝命《おおなむちのみこと》（大国主命〈↓40〉のこと）と土地争いをしたことが語られている。『日本神祇由来事典』によると、「この『播磨国風土記』の神話は、出雲民族と出石民族の勢力争いを物語っているといえよう。そして両民族とも、韓人《からくに》系の渡来民族と考えられる。また、天之日矛とは、太陽信仰を奉じた出石民族の日招《ひお》ぎの儀軌《ぎき》（儀式の規則）の名であって、これが人格化したものとも考えられる」としている。

16 あめのふとだまのみこと／天太玉命

〈祭神とする神社〉

◆安房《あわ》神社（安房国一宮）→188ページ

天照大神（→7）が天の岩屋に隠れた時に、天児屋根命《あめのこやねのみこと》（→13）とともに祭祀を行なった神。神名は御幣（太玉串）を持つ神といった意であろう。邇邇芸命《ににぎのみこと》（→110）に従って地上に降下した神の一柱でもある。忌部《いんべ》氏の祖神。

17 あめのほあかりのみこと／天火明命

彦火《ひこほ》明命《あかりのみこと》（→115）

18 いざさわけのみこと／伊奢沙別命

〈祭神とする神社〉

◆氣比《けひ》神宮（越前国一宮）→162ページ

伊奢沙和気大神とも書く。『古事記』によると、太子時代の応神《おうじん》天皇（↓34）と名前を交換したとされ、この時、交換の贈り物としてイルカが浜に打ち上げられたことから御食津大神《みけつのおおかみ》と呼ばれたとされる。『日本書紀』でも「角鹿笥飯大神《つぬがけひのおおかみ》」と呼んでおり、食《け》に関わる神だということがわかる。おそらく越前の農耕や漁業の守護神であったのだろう。この謎めいた名前交換がなぜ行なわれたのか、「記紀」には述べられていない。『日本書紀』にも「故《かれ》、大神を号《なづ》けて、去来紗別神《いざさわけのかみ》と曰《もう》す。太子をば誉田別尊《ほんだわけのみこと》と名《なづ》くという。然《しか》らば大神の本《もと》の名を誉田別神、太子の元《はじめ》の名をば去来紗別尊と謂《もう》すべし。然れども見ゆる所無くして、未《いま》だ詳《つまびら》かならず」と述べられており、編纂当時すでに理由がわからなくっていたことが読み取れる。

19 いざなぎのみこと／伊弉諾尊・伊邪那岐命

〈祭神とする神社〉

◆伊弉諾《いざなぎ》神宮（淡路国一宮）↓122ページ
◆雄山《おやま》神社（越中国一宮）↓170ページ
◆多賀《たが》大社（近江国三宮）↓116ページ

伊弉冉尊《いざなみのみこと》（↓20）とともに国生み・神生みを行なった神。別天神五柱《ことあまつかみいつつばしら》（天地の始めに登場した五柱の神）に続く神世七代《かみよななよ》（七代続いたペアの神）の最後の世代の神であるが、事実上の創世神といえる。

火の神を産んだことが原因で神去《かむさ》った（死去した）伊弉冉尊を追って黄泉《よみ》まで行くが、禁忌を破って変わり果てた姿を見てしまったために伊弉冉尊と黄泉醜女《よもつしこめ》（鬼女）に追われて現世に戻る。この後、穢《けが》れた体を海で清めるのだが、これが禊《みそぎ》の始まりとされる。この時に天照大神《あまてらすおおみかみ》（↓7）・月読命《つきよみのみこと》・須佐《すさ》之男命《のおのみこと》（→87）の三貴子や、住吉大神《すみよしのおおかみ》（→88）や綿津見神《わたつみのかみ》（→146）が生まれたとされる。こうした伊弉諾尊・伊弉冉尊の神話は世界各地の神話との共通点がある。たとえば、国生みは兄妹始祖伝説、黄泉訪問はオルフェウスなどの冥界訪問譚との類似が指摘されている。

20 いざなみのみこと／伊弉冉尊・伊邪那美命

〈祭神とする神社〉

◆伊弉諾《いざなぎ》神宮（淡路国一宮）→122ページ
◆多賀《たが》大社（近江国三宮）→116ページ

伊弉諾尊（→19）とともに国生み・神生みをした神。

まだ沼のようだった地上を固めて国を造れと天つ神たちに命じられ、天の浮き橋から天の沼矛《ぬぼこ》を下げて地をかき回し、その矛先からしたたった塩でできた淤能碁呂島《おのごろじま》に降りて国生みをした。ところが、伊弉冉尊が先に声をかけてしまったので、蛭児尊《ひるこのみこと》（→122）と淡島しか生むことができず、国生みをやり直すこととなった。国生みが済んで神生みを行なうが、火の神（迦具土神《かぐつちのかみ》）を生んだために陰部を焼かれて神去る（死去する）。伊弉諾尊が黄泉まで迎えに行くが、すでに黄泉の食べ物を口にしていたため戻ることができず、しかも、伊弉諾尊が禁忌を破ってその姿を見てしまったため、恨んで地上まで追っていく。

しかし、その後の神話では母を慕って根の国の王となった須佐之男命《すさのおのみこと》（→87）との関係は語られず、冥界の神として信仰されたこともない。あくまで国生み・神生みの神として信仰されている。なお、蛭児尊誕生譚は、最初の子は肉塊で、これを切り刻むと人間になったとする中国西南部などの兄妹始祖神話を連想させる。

21　いずしやまえのおおかみ／出石八前大神

〈祭神とする神社〉

◆出石《いずし》神社（但馬国一宮）↓214ページ

大神と呼ばれているが、出石神社の主祭神である天日槍命《あめのひぼこのみこと》（↓15）が新羅より日本へもたらした神宝だという。『古事記』応神《おうじん》天皇の条によれば、玉津宝《たまつたから》（二種）・浪振る領布《ひれ》・浪切る領布・風振る領布・風切る領布・奥津鏡《おきつかがみ》・辺津《へつ》鏡の八種とし、「こは伊豆志の八前の大神なり」と注記している。

なお、『日本書紀』では垂仁《すいにん》天皇三年と同八十八年の条に天日槍が携えてきた神宝についての記述があるが、羽太《はふと》の玉一箇・足高《あしたか》の玉一箇・鵜鹿鹿《うかか》の赤石《あかし》の玉一箇・出石の小刀一口・出石の鉾一枝・日の鏡一面・熊の神籬《ひもろぎ》一具の七種としている。

22　いするぎひこのかみ／伊須流岐比古神

〈祭神とする神社〉

◆伊須流岐比古《いするぎひこ》神社（能登国二宮）↓168ページ

石川県鹿島《かしま》郡中能登町の石動山《せきどうさん》（「いするぎやま」とも読む）の神であるが、神社では伊弉諾尊《いざなぎのみこと》（↓19）のこととしている。由谷裕哉氏によれば、「成立年代が不明で、中世後半以降の写本が『能登石動山縁起』『金剛証大宝満宮縁起』などと題されている通称古縁起は、山名の由来が当山に鎮座する動《どう》字石《じせき》によること、動字石が元は南閻浮提《なんえんぶだい》を支える三石の一であったこと、地主神が天目一箇命《あまのまひとつのみこと》であること、実質的な開山は智徳上人であり、山内で虚空蔵求聞持法《こくうぞうぐもんじほう》を修していたことを述べている」（『日本の霊山読み解き事典』）という。

23　いたけるのみこと／五十猛命

〈祭神とする神社〉

◆度津《わたつ》神社（佐渡国一宮）→178ページ

「いそたけるのみこと」とも読む。須佐之男命（→87）の御子神で、『日本書紀』一書によると、素盞嗚尊（須佐之男命）とともに新羅に降下したが、素盞嗚尊が「ここにはいたくない」と言ったので船に乗って出雲に渡ったとされる。また、降下する時に多くの樹木の種を携えてきたが、朝鮮半島には植えず、日本の国土に筑紫から順に植えていったとされ、ここから「有功《いさおし》の神」と呼ぶとしている。そして、最後に「紀伊国に所坐《まします》大神是《これ》なり」と締めくくっているが、これは伊太祁曾《いたきそ》神社（紀伊国一宮の論社）のことを指すものだろう。

24　いちきしまひめのみこと・たごりひめ（たきりひめ）のみこと・たぎつひめのみこと／市杵嶋姫命・田心姫（多紀理姫）命・湍津姫（多岐津姫）命

〈祭神とする神社〉

◆嚴島《いつくしま》神社（安芸国一宮）→240ページ

宇佐《うさ》神宮（豊前国一宮）でもこの三女神を比売大神として第二御殿に祀っており、大水上《おおみなかみ》神社（讃岐国二宮）では宗像《むなかた》大神として祀られている。もとは宗像大社（福岡県宗像市）の祭神で、宗像大神・宗像三女神とも呼ばれる。

天照大神（↓7）と須佐之男命（↓87）が天《あめ》の安河原《やすかわら》で誓約《うけひ》（事が成就するかどうかで正否・善悪などを判断する占い）を行なった時に生まれた神で、天照大神の「道の中に降《くだ》り居《ま》して、天孫《あめみま》を助け奉りて、天孫の為《ため》に祭られよ」（『日本書紀』）という命に従って宗像の沖ノ島・大島・辺津に鎮座したとされるが、もともと宗像で信仰されていた神が大和神話に取り込まれたのであろう。海上交通を守護する神として信仰されるとともに、神功皇后（↓83）を守護した武神としても広く信仰された。市杵嶋姫命と厳島《いつくしま》の音の類似から嚴島神社の祭神ともされるようになり、信仰圏が広がっていった。さらに弁才天とも同一視されたことから水神として広く庶民にも信仰されるようになった。明治の廃仏毀釈では多くの弁天堂が宗像社もしくは厳島社とされた。

なお、三女神の名称・表記については、文献や神社によって異同がある。

25 いつせのみこと／五瀬命

〈祭神とする神社〉

◆三之宮《さんのみや》神社（上総国三宮）↓190ページ

同じく三之宮神社の祭神となっている稲飯命《いないのみこと》（↓26）・三《み》毛《け》入野命《いりぬのみこと》（↓131）と同様、神武《じんむ》天皇（↓84）の兄であるが、東征の途上で戦死したこともあって、他の二人よりくわしく言動が『古事記』『日本書紀』に記されている。なお、三人とも食物、とくに稲に関係のある名前となっている。五瀬命の場合、「五は厳《いつ》・斎《いつ》、瀬は神稲の意で、これは天照大神直系の子孫として稲霊を継ぐ地位にあることを表している」（『日本神祇由来事典』）という。

26 いないのみこと／稲飯命

〈祭神とする神社〉

◆三之宮《さんのみや》神社（上総国三宮）↓190ページ

稲氷命《いなひのみこと》ともいう。同じく三之宮神社の祭神となっている五瀬命《いつせのみこと》（↓25）・三毛入野命《みけいりぬのみこと》（↓131）と同様、神武《じんむ》天皇（↓84）の兄。五瀬命・三毛入野命と同じように、その神名は稲霊を表わしているものと思われる。

27 いなだひめのみこと／稲田姫命

〈祭神とする神社〉

◆氷川《ひかわ》神社（武蔵国一宮）↓184ページ

櫛名田比売命《くしなだひめのみこと》・奇稲田姫命《くしいなだひめ》ともいう。八岐大蛇《やまたのおろち》の犠牲にされるところを須佐之男命に救われ、その妃となった神。須佐之男命は八岐大蛇を退治する際に姫を櫛に化身させてその髪につけている。「すばらしい稲田」という意味の神名で、稲の豊作をもたらす神と考えられる。なお、その両親は国つ神の足《あし》名椎《なづち》と手名椎《てなづち》。

28 いにしきいりひこのみこと／五十瓊敷入彦命

〈祭神とする神社〉

◆伊奈波《いなば》神社（美濃国三宮）↓148ページ

垂仁《すいにん》天皇の皇子。「印色之入日子命」とも書く。『日本書紀』によると、弟の大足彦尊《おおたらしひこのみこと》（大帯日子命、のちの景行《けいこう》天皇）とともに父の天皇になにが欲しいかを尋ねられ、大足彦尊が皇位と言ったのに対し、弓矢が欲しいと言ったため、言葉のとおり弓矢を賜わり、皇位は大足彦尊が継ぐこととなったという。各地に池を造るとともに、石上神宮《いそのかみ》に一千口の剣を奉納し、神宮の神宝を管理した。石上神宮は武器庫でもあったと考えられているので、垂仁朝の土木・軍事を司っていた人物と思われる。

29　いわいぬしのかみ／斎主神

経津主命《ふつぬしのみこと》（↓124）。

30　うかのみたまのみこと／倉稲魂命

〈祭神とする神社〉

◆城輪《きのわ》神社（出羽国二宮）↓210ページ
◆多岐《たぎ》神社（美濃国三宮）↓148ページ

「宇迦之御魂命」とも書く。須佐之男命《すさのおのみこと》（↓87）の御子神で稲霊の神であるが、一般には稲荷神社の祭神として信仰されることが多い。本来、倉稲魂命と稲荷神は別の神であるが、いずれも稲穀の神であることから同一視されている。また、水の神の宇賀神《うがじん》と同一視されることもある。

31　うがやふきあえずのみこと／鸕鷀草葺不合尊・鵜葺草葺不合命

〈祭神とする神社〉

◆知立《ちりゅう》神社（三河国二宮）↓128ページ
◆菅生石部《すごういそべ》神社（加賀国二宮）↓164ページ
◆高野《たかの》神社（美作国二宮）↓228ページ

正しくは天津日高日子波限建鵜葺草葺不合命《あまつひこひこなぎさたけうがやふきあえずのみこと》（『古事記』）、または彦波瀲武鸕鷀草葺不合尊《ひこなぎさたけうがやふきあえずのみこと》（『日本書紀』）という。彦火火出見尊《ひこほほでみのみこと》（↓116）と豊玉姫命《とよたまひめのみこと》（↓108）の御子で、神武《じんむ》天皇の父。天つ神の御子を海中で出産するわけにはいかないと海神の宮から地上に出てきた豊玉姫命のために、彦火火出見尊は鵜《う》の羽で葺《ふ》いた産屋《うぶや》を建てようとするが、葺き終わらぬうちに産気づいてしまったことから、この名がつけられたとする。出産するところを覗き見られたことに腹を立てた豊玉姫命は海に帰ってしまうが、妹の玉依姫命《たまよりひめのみこと》（↓101）を乳母として派遣してくる。のちに鸕鷀草葺不合尊はこの玉依姫命を妃として神武天皇らを生む。このことについて『日本神祇由来事典』は「実母の豊玉媛と、養母の玉依媛が一緒に表現されているのは、子供が母の一族の女性によって育てられた古代の史的事実を示していて興味ある記述である。さらに、養母を妃（妻）としているのも、母系家族構成を物語るものであろう」としている。

なお、鵜の羽には安産をもたらす呪力があると信じられたらしい。

32　うましまじのみこと／宇摩志麻遅命

〈祭神とする神社〉

◆物部《もののべ》神社（石見国一宮）↓224ページ

可美真手命《うましまでのみこと》ともいう。物部氏の祖神である邇芸速日命《にぎはやひのみこと》（饒速日命）が、神武《じんむ》天皇の東征をはばんだ那賀須《ながす》泥毘古《ねびこ》（長髄彦《ながすねびこ》）の妹との間にもうけた御子。神武天皇が天つ神の子と知って、父とともに帰順したという。

33 うわつつのおのみこと（かみ）／上筒之男命・表筒男命（神）

住吉大神《すみよしのおおかみ》（↓88）。

34 おうじんてんのう／応神天皇

八幡大神《はちまんおおかみ》（↓112）。

35 おおあがたのおおかみ／大懸大神

〈祭神とする神社〉

◆大懸《おおあがた》神社（尾張国二宮）↓124ページ

尾張を開拓した神。尾張北部に拠点をもった氏族・邇波県君《にはのあがたのきみ》の祖神・大荒田命《おおあらたのみこと》ともいわれる。

36 おおあさひこのおおかみ／大麻比古大神

〈祭神とする神社〉

◆大麻比古《おおあさひこ》神社（阿波国一宮）↓250ページ

阿波を開拓した忌部氏の祖神。大麻比古神社では天太玉命《あめのふとだまのみこと》（↓16）のこととする。

37 おおうすのみこと／大碓命

〈祭神とする神社〉

◆猿投《さなげ》神社（三河国三宮）↓128ページ

日本《やまと》武尊《たけるのみこと》（↓140）の兄。『日本書紀』は日本武尊（本名は小碓命《おうすのみこと》）と双子であったとするが、『古事記』も『日本書紀』も日本武尊の引き立て役の扱いしかしていない。『古事記』では父王の後宮に入るはずの美女姉妹を自分のものにしてしまい、宮中に出仕もしなかったので、様子を見に来た日本武尊に殺されてしまう。『日本書紀』では、天皇に東征を命じられるが逃げてしまったので、美濃に封じられたとある。猿投神社の社伝では、猿投山中で毒蛇に噛まれて死に、山上に葬られたとする。

38 おおきびつひこのおおかみ（みこと）／大吉備津彦大神（命）

〈祭神とする神社〉

◆吉備津彦《きびつひこ》神社（備前国一宮）↓232ページ

◆吉備津《きびつ》神社（備中国一宮）↓234ページ

◆吉備津《きびつ》神社（備後国一宮）↓238ページ

吉備津彦命《きびつひこのみこと》・比古伊佐勢理毘古命《ひこいさせりびこのみこと》ともいう。

孝霊《こうれい》天皇の皇子で、崇神《すじん》天皇が四方に派遣した四道将軍の一人。吉備国を平定し、統治したとされる。また、この時、温羅《うら》という鬼神（百済の王子ともいう）を退治したとされ、この話が桃太郎の原話となったのではないかといわれている。この温羅は大吉備津彦大神に首を切られた後もうなり声をあげていたため、御釜殿《おかまでん》の床下に埋められたが、それでもうなり声はやまず、大吉備津彦大神の夢枕に現われて、「吾が妻、阿曾郷《あぞごう》の祝《はふり》の娘阿曾媛《あそひめ》をしてミコトの釜殿の御饌を炊がめよ。もし世の中に事あれば竈の前に参り給わば幸有れば裕に鳴り禍有れば荒らかに鳴ろう。ミコトは世を捨てて後は霊神と現れ給え。われは一の使者となって四民に賞罰を加えん」（吉備津神社公式ホームページより）と述べたという。これが備中・吉備津神社の鳴釜神事の起源とされる。なお、この話は上田秋成《うえだあきなり》の『雨月物語《うげつものがたり》』の「吉備津の釜」の題材となっている。

39　おおくにたまのおおかみ／大国玉大神

〈祭神とする神社〉

◆玉諸《たまもろ》神社（甲斐国三宮）↓144ページ

「玉」は「魂」のことで、土地の神霊を表わす。ただし、『日本書紀』は大国主命（↓40）の別称としているので、大国主命として祀っている可能性もある。

40 おおくにぬしのみこと（かみ・おおかみ）／大国主命（神・大神）

〈祭神とする神社〉

◆大神《おおみわ》神社（大和国一宮）→82ページ
◆出雲《いずも》大神宮（丹波国一宮）→108ページ
◆伊和《いわ》神社（播磨国一宮）→112ページ
◆砥鹿《とが》神社（三河国一宮）→128ページ
◆小國《おぐに》神社（遠江国一宮）→132ページ
◆氷川《ひかわ》神社（武蔵国一宮）→184ページ
◆氣多《けた》大社（能登国一宮）→168ページ
◆氣多《けた》神社（越中国一宮）→170ページ
◆高瀬《たかせ》神社（越中国一宮）→170ページ
◆出雲大社（出雲国一宮）→220ページ
◆都農《つの》神社（日向国一宮）→278ページ
◆日吉《ひよし》大社（近江国二宮）→116ページ
◆鹿苑《ろくおん》神社（遠江国二宮）→132ページ
◆川勾《かわわ》神社（相模国二宮）→180ページ
◆赤城《あかぎ》神社（上野国二宮）→202ページ
◆大神山《おおがみやま》神社（伯耆国二宮）→218ページ
◆出雲《いずも》神社（周防国二宮）→242ページ
◆御穂《みほ》神社（駿河国三宮）→138ページ
◆引田部《ひきたべ》神社（佐渡国三宮）→178ページ
◆伊香保《いかほ》神社（上野国三宮）→202ページ

国つ神の主宰神であり、地上（葦原中国《あしはらのなかつくに》）の開拓神。『出雲国風土記《いずものくにふどき》』は「天の下所造《つく》らしし大神」と称えている。また、多くの名をもつ神でもあり、主なものだけでも大己貴命《おおなむちのみこと》（大汝命・大穴牟遅神）・葦原色許男《あしはらのしこお》神（葦原醜男神）・八千矛神《やちほこのかみ》（八千戈神）・宇都志国玉神《うつしくにたまのかみ》（顕国玉神）などがある。また、大物主神（→50）を大国主命《おおくにぬしのみこと》の別名または幸魂奇魂《さきみたまくしみたま》とすることもある。

若き日は主に大穴牟遅神（『古事記』の表記による）と呼ばれ、八十神《やそかみ》といわれる多くの兄神たちのいじめにあっていた。八十神たちが因幡《いなば》の八上比売《やがみひめ》に求婚しに行く時も荷物持ちをさせられていた（この旅の途上で因幡の白うさぎのエピソードがある）が、案に相違して八上比売が大穴牟遅神を選んだことより八十神たちの迫害は烈しいものとなった。そのため二度命を失うことになり、母神によって生き返ることができたものの、このままでは完全に殺されてしまうと考えた母神によって須佐之男命（↓87）がいる根《ね》の国へ送り出された。根の国では須佐之男命の娘神の須勢理毘売《すせりびめ》と結ばれ、その助力を得て須佐之男命が課す四つの試練をくぐり抜け、須勢理毘売と須佐之男命の生太刀《いくたち》・生弓《いくゆみ》をもって地上に逃げ戻った。この時、須佐之男命は大穴牟遅神に向かって「その太刀と弓を使って八十神を倒し、地上を平定して、大国主神・宇都志国玉神となれ」と言った。

こうして地上の王となった大国主命は少彦名神《すくなひこなのかみ》（↓85）を協力者として国土の開発を行ない、少彦名神が立ち去った後は大物主神の助力を得て統治を行なう。ところが、地上の統治権を主張した天照大神（↓7）が武甕槌大神《たけみかづちのおおかみ》（↓96）や経津主大神《ふつぬしのおおかみ》（↓124）を派遣、国譲りを迫った。壮大な宮殿（出雲大社）の建設を条件に国譲りに応じたとするが、『日本書紀』一書（別伝）では、顕露《あらわ》の事（現世の政治）は皇孫に譲り、自らは幽事《かくりごと》（神事）を治めることにしたとする。国土開発・縁結び・医薬の神として信仰される。

41　おおさざきのみこと／大鷦鷯尊

〈祭神とする神社〉

◆波多岐《はたき》神社（伊賀国三宮）↓96ページ

仁徳《にんとく》天皇のこと。人民が疲弊しているのを見て三年の間税を免除したことから聖帝と称えられたと伝えられる。

42 おおとりのむらじのおやがみ／大鳥連祖神

〈祭神とする神社〉

◆大鳥《おおとり》大社（大鳥神社、和泉国一宮）↓88ページ

文字どおり大鳥氏の祖神で、大鳥大社では天児屋根命《あめのこやねのみこと》（↓13）のこととする。ただし、『諸国神名帳』は天児屋根命の孫の天種子命《あめのたねこのみこと》だとしている。また、大鳥という地名（氏族名）は、白鳥となった日本武尊の神霊がこの地に降り立ったことに由来するといわれる。

43 おおなむちのかみ（みこと）／大己貴神（命）・大穴牟遅神・大名牟遅命

大国主命《おおくにぬしのみこと》（↓40）。

44 おおひこのみこと／大彦命

〈祭神とする神社〉

◆敢國《あえくに》神社（伊賀国一宮）↓96ページ

◆引田部《ひきたべ》神社（佐渡国三宮）↓178ページ

「大毘古命《おおびこのみこと》」とも書く。孝元《こうげん》天皇の皇子で、崇神《すじん》天皇が四方に派遣した四道将軍の一人。大吉備津彦《おおきびつひこの》大神《おおかみ》（↓38）が西道（山陽道）、息子の建沼河別命《たけぬなかわわけのみこと》が東海に派遣されたのに対し、大彦命は北陸の鎮撫が命じられた。

45 おおひるめむちのみこと／大日孁貴命

天照大神《あまてらすおおみかみ》（↓7）。

46 おおみけつひこのみこと／大御食津彦命

〈祭神とする神社〉

◆恩智《おんぢ》神社（河内国二宮）↓86ページ

食物の神。天照大神（↓7）の御饌都神《みけつかみ》（食事を用意する神）として伊勢神宮外宮《げくう》に鎮座する豊受《とようけの》大神《おおかみ》（止由気大神）に従って天から降臨し、伊勢に移ったとされる神。恩智神社では天児屋根命《あめのこやねのみこと》（↓13）の五世の孫とし、「神功皇后が三韓征伐の際、当社の神が住吉大神と共に海路、陸路を安全に道案内し、先鋒或は後衛となり神功皇后に加勢したその功により神社創建時に朝廷から七郷を賜りました」（恩智神社公式ホームページ）という。

47 おおみけつひめのみこと／大御食津姫命

豊受姫命《とようけひめのみこと》（↓105）。

48 おおみやめのかみ／大宮売神

〈祭神とする神社〉

◆大目《おおめ》神社（佐渡国二宮）↓178ページ

大宮乃売神《おおみやのめのかみ》・大宮比売命《おおみやひめのみこと》ともいう。『延喜式祝詞《のりと》』「大殿祭」によると「天皇の殿の裏に塞り坐して、殿内を出入りすることを管理し、神の「伊須呂許比阿礼《いすろごひあれ》」ますのを和らげるなどして天皇を守護する神」（『日本神名辞典』）という。「伊須呂許比阿礼」とは悪神が立ち入って暴れることをいう。

49　おおものいみのおおかみ（みこと）／大物忌大神（命）

〈祭神とする神社〉

◆鳥海山《ちょうかいさん》大物忌《おおものいみ》神社（出羽国一宮）↓210ページ

◆川勾《かわわ》神社（相模国二宮）↓180ページ

火山である鳥海山を神格化したものであるが、豊穣をもたらす神とも思われるようになり、農耕の神の倉稲魂命《うかのみたまのみこと》（↓30）と同一視されるようになった。大物忌神社の分祠では祭神を倉稲魂命とするところも多い。

50　おおものぬしのかみ／大物主神

〈祭神とする神社〉

◆大神《おおみわ》神社（大和国一宮）↓82ページ

◆二宮《にのみや》神社（遠江国二宮）↓132ページ

◆美和《みわ》神社（甲斐国二宮）↓144ページ

大いなる神霊をもつ神といった意味の神名で、三輪山《みわやま》（御諸山《みもろやま》）の神。大国主命（↓40）の国造りを助けた神であるとともに、祟りをなして疫病をはやらせる神でもある。また、美男子や丹塗《にぬ》りの矢などに化身して美女のもとに通う神話も多く残されている。

崇神《すじん》天皇の御代に疫病が大流行したことがあり、天皇が神牀《かんどこ》に横になって神意を占ってみると、大物主神の祟りであることがわかった。神は自分の子孫である意富多多泥古《おおたたねこ》（大田田根子）に祭祀を行なわせれば祟りはやむと告げた。そこで意富多多泥古を探させてみると、活玉依毘売《いくたまよりびめ》の子とわかった。この娘のところには美男子が通っていたが、両親がその正体を知ろうと男の衣に糸をつけさせてみると、その糸は鍵穴を通って三輪山まで続いており、男の正体が大物主神と知られたという。この話は神人婚姻譚の典型とされ、苧環型《おだまきがた》ともいわれる。通っていた美女に小さな美しい蛇の姿を見せたという話もある。

酒造の神としても有名だが、森瑞枝氏によれば、「ヤマト朝廷の王は元来は三輪山の土地の神を祭っていたが、しだいに軍神の祭りへ、唯一の太陽神の祭りへと祭祀の主軸を移して地域性を脱していった」という（井上順孝編『ワードマップ神道』）。

51　おおやまくいのかみ／大山咋神

〈祭神とする神社〉

◆日吉《ひよし》大社（近江国二宮）→116ページ

『古事記』には「大山咋神、亦の名は山末之大主神《やますえのおおぬしのかみ》。この神は近《ちか》つ淡海《あうみ》国の日枝《ひえ》の山に坐《ま》し、また葛野《かづの》の松尾に坐して、鳴鏑《なりかぶら》を用《も》つ神ぞ」とあり、比叡山の神であるとともに松尾大社でも祀られているかみであることがわかる。

52　おおやまつ（づ）みのみこと（のかみ）／大山祇命・大山積神

〈祭神とする神社〉

◆三嶋《みしま》大社（伊豆国一宮）↓142ページ
◆大山祇《おおやまづみ》神社（伊予国一宮）↓254ページ
◆大水上《おおみなかみ》神社（讃岐国二宮）↓252ページ

伊弉諾尊《いざなぎのみこと》（↓19）・伊弉冉尊《いざなみのみこと》（↓20）の国生み・神生みの時に生まれた山の神。富士山の神（浅間神社の祭神）とされる木花之佐久夜毘売命《このはなのさくやびめのみこと》（↓71）の父神であり、須佐之男命（↓87）が助けた稲田姫《いなだひめの》命《みこと》（↓27）の祖父神でもある。

53　おきながたらしひめのみこと／息長帯姫命

神功皇后《じんぐうこうごう》（↓83）。

54　おとたちばなひめのみこと／弟橘姫命

〈祭神とする神社〉

◆橘樹《たちばな》神社（上総国二宮）↓190ページ

日本武尊（↓140）の妃。日本武尊の一行が東征の途上で走水《はしりみず》の海（浦賀水道）を渡ろうとしたところ、海が荒れたため、「私が御子（日本武尊）の身代わりに海に入りましょう。御子は使命をお果たしください」と言って海に身を投げたとされる。『古事記』には七日後に櫛が打ち上げられたので陵を造って収めたと述べられているが、東京湾周辺には弟橘姫命の遺品を祀るとする神社が点在している。

また、足柄《あしがら》の坂本で日本武尊が弟橘姫命のことを思って「吾妻《あづま》はや」と三度嘆息したことが「あづま（東）」の語源とされる。なお、『常陸国《ひたちのくに》風土記《ふどき》』には倭武《やまとたける》天皇の妃として大橘《おおたちばな》比売命《ひめのみこと》（橘の皇后）が登場する。

55　かがみつくりのかみ／鏡作神

〈祭神とする神社〉

◆中山《なかやま》神社（美作国一宮）→228ページ

中山神社宮司（当時）の湯浅正敬によると、「祭神については異説もあるが、社伝によると鏡作神を主祭神とし、配祀を石凝姑神《いしこりとめのかみ》・天糠戸神《あめのぬかどのかみ》とす。主祭神・鏡作神は天糠戸神の御子で本の名を石凝姑神と申し、天の岩戸隠の際、天照大神に鏡を作って奉献された神でこの鏡こそ世に云う三種の神器の中心たる八咫鏡《やたのかがみ》である。さらには、天孫瓊々杵命《ににぎのみこと》が葦原中国にお降りになった時、御伴をされた五部神の中の一神でもある」（『全国一宮祭礼記』）という。

なお、奈良県田原本町には鏡作部が石凝姑神を祖神として祀った鏡作神社があり、その周辺にも鏡作を冠した神社が数社ある。

56　かなやまひこのみこと／金山彦命

〈祭神とする神社〉

◆南宮《なんぐう》大社（美濃国一宮）→148ページ

伊弉冉尊《いざなみのみこと》（↓20）が火の神の迦具土神《かぐつちのかみ》を産んだために陰部を焼かれ、その苦しみの中で出した吐瀉物から金山比咩命《かなやまひめのみこと》（金山毘売神）（↓57）とともに生まれた神。鉱山や金工を司る神とされる。吐瀉物から生まれたことについては、「鉄や銅などの鉱石を溶かした状態に、嘔吐物が似ていることからの連想とする説と、火山が噴火した時に流れ出る溶岩からの連想とする説がある」（『日本神名辞典』）という。

57　かなやまひめのみこと／金山比咩命

〈祭神とする神社〉

◆敢國《あえくに》神社（伊賀国一宮）↓96ページ

金山毘売神《かなやまびめのかみ》ともいう。伊弉冉尊《いざなみのみこと》（↓20）が火の神を産んだために負った火傷に苦しんで出した嘔吐物より金山彦命《かなやまひこのみこと》（↓56）とともに生まれた神。金山彦命同様、鉱山や金工を司る神と考えられる。敢國神社へは南宮《なんぐう》大社（美濃国一宮）から勧請されたと伝えられる。

58　かむやまといわれびこのみこと／神日本磐余彦尊

〈祭神とする神社〉

◆知立《ちりゅう》神社（三河国二宮）↓128ページ

神武《じんむ》天皇のこと。神倭伊波礼毘古命とも書く。鸕鷀草葺不合尊《うがやふきあえずのみこと》（↓31）の御子神で、五瀬命《いつせのみこと》（↓25）とともに日向を発って東征を行ない、まつろわぬ部族を打ち倒して大和に入り、橿原《かしはら》の宮で即位をして初代天皇となった。

59 かもたけつぬみのみこと／賀茂建角身命

〈祭神とする神社〉

◆賀茂御祖神社《かもみおや》（下鴨神社、山城国一宮）↓78ページ

賀茂別雷《かもわけいかづち》神社（上賀茂神社）の祭神の賀茂別雷大神（↓60）を産んだ玉依媛命《たまよりひめみこと》（↓101）の父神。熊野で神武《じんむ》天皇を導いた八咫烏《やたがらす》の化身ともされる。『日本神祇由来事典』によると、「神名の建角身とは猛き神の意」という。

60 かもわけいかづちのおおかみ／賀茂別雷大神

〈祭神とする神社〉

◆賀茂別雷《かもわけいかづち》神社（上賀茂神社、山城国一宮）↓78ページ

賀茂建角身命《かもたけつぬみのみこと》（↓59）の娘・玉依媛命《たまよりひめみこと》（↓101）が産んだ神。『山城国風土記』逸文によると、玉依媛（玉依日売）が石川の瀬見の小川で川遊びをしていたところ、川上より丹《に》塗りの矢が流れてきたので持ち帰り、床に立てておいたところ懐妊して男子を産んだ。その子の成人の祝いの席で賀茂建角身命が「父と思う者に酒を飲ませよ」と言うと、子は盃を持ったまま天井を突き破って天に上がっていったという。『風土記』は「丹塗矢は乙訓《おつくに》の郡の社に坐《いま》せる火雷神《ほのいかづちのかみ》なり」とあるが、賀茂別雷大神も雷を神格化したものであろう。

61 きさきのおおかみ／妃大神

〈祭神とする神社〉

◆二宮《にのみや》八幡宮（伊豆国二宮、現在は三嶋大社の摂社の若宮）↓142ページ

主祭神の妃神の意と思われるが、詳細は不明。

62 きびつひこのみこと／吉備津彦命

大《おお》吉《き》備《び》津《つ》彦大神《ひこのおおかみ》（↓38）。

63 くくりひめのみこと／菊理媛尊

〈祭神とする神社〉

◆白山《しらやま》比《ひ》咩《め》神社（加賀国一宮）↓164ページ

菊理媛尊は『日本書紀』の別伝（一書《あるふみ》）の一場面にのみ登場する謎の神。その場面とは、黄泉《よみ》と現世の境で伊奘諾尊《いざなぎのみこと》と伊奘冉尊《いざなみのみこと》が言い争っているところで、「菊理媛神、亦白《またもう》す事有り。伊奘諾尊聞《きこ》しめして善《ほ》めたまふ」という、これだけのものである。しかも、菊理媛尊がなにを言ったのかは述べられていない。禊《みそぎ》を勧めたのではないかともいわれている。

64 くしなだひめのみこと・くしいなだひめのみこと／櫛名田比売命・奇稲田姫命

稲田姫命《いなだひめのみこと》（↓27）。

65 くにかがすのおおかみ／國懸大神

〈祭神とする神社〉

◆國懸《くにかがす》神宮（紀伊国一宮）↓104ページ

天照大神（↓7）が天の岩屋に隠れた時、神々は天照大神を誘い出すために石凝姥命《いしこりどめのみこと》に鏡を造らせたという。鏡は二度鋳造され、最初に造られたものは日前《ひのくま》・國懸神宮の、二度目のものは伊勢神宮の御神体となったと伝えられている。しかし、中近世では日前神宮は鏡、國懸神宮は矛を御神体とするという説もあった。社伝では、日矛鏡《ひぼこのかがみ》を神体として天照大神の前霊《さきみたま》を祀るとする。日前大神《ひのくまのおおかみ》（↓119）を参照。

66 くにのとこたちのみこと／国常立尊

〈祭神とする神社〉

◆二宮《にのみや》神社（武蔵国二宮）↓184ページ

◆小村《おむら》神社（土佐国二宮）↓256ページ

『日本書紀』に語られる天地創世神話の最初に現われる神（『古事記』ではその前に天之御中主神《あめのみなかぬしのかみ》など四柱の神を述べる）。人格神ではなく、世界が出現したことを象徴する存在といえる。岩波文庫版『日本書紀』の補注は「神名の意味は、そこに当てられている漢字の意味に引かれずに、その表現する音だけによって考えるべき」として次のように述べる。「トコとは「床」の意であり、土を盛り上げた台をいう。（略）日本語のタツは、「立」とはかなりその基本的意味が違う。タツとは、見えなかったもの、存在しなかったものが、活動しはじめて、下から上に姿をあらわすというのが古い意味。（略）トコタチとは「土台（大地）が出現し、大地が姿を現わす意」と解される」としている。

67 くれはとりひめのみこと／呉服比売命

〈祭神とする神社〉

◆小宮《おみや》神社（伊賀国二宮）↓96ページ

織物や着物の神。大阪府池田市の呉服《くれはとり》神社の社伝によれば、呉服比売命は応神《おうじん》天皇の御代に日本に機織りの技術を伝えた呉の娘という。なお、「はとり」とは「機織り」の転訛ともされる。

68 こうらたまたれのみこと／高良玉垂命

〈祭神とする神社〉

◆高良《こうら》大社（筑後国一宮）↓262ページ

落合偉洲氏は「高良玉垂命は、高良の山に鎮まり、奇しき恵みを万民に垂れる筑紫の国魂の神であるという」（『神社辞典』）としているが、高良大社文化研究所所長を務めた古賀壽氏は「主神高良玉垂命の神格については諸説があり、江戸時代の久留米藩は俗説の武内宿禰《たけのうちのすくね》説を公認したが、その後彦火々出見尊《ひこほほでみのみこと》説や、筑後の古代氏族水沼君《みぬまのきみ》の祖神説などが提唱され、未だ定説を見ない」（『全国一宮祭礼記』）としている。

69 ことしろぬしのかみ／事代主神

〈祭神とする神社〉

◆三嶋《みしま》大社（伊豆国一宮）↓142ページ

◆多鳩《たばと》神社（石見国二宮）↓224ページ

◆出雲神社（周防国二宮）→242ページ

『古事記』では八重事代主神・八重言代主神とも呼ばれる。また、三嶋大社や多鳩神社では積羽八重《つみはやえ》事代主神《ことしろぬしのかみ》の名で祀っている。

大国主命（→40）の百八十一柱あるという御子神（数は伝承によって異なる）のなかで筆頭的存在。武甕槌大神《たけみかづちのおおかみ》（→96）などに国譲りを迫られた時にも、大国主命はまず事代主神に相談をしている。岩波文庫版『日本書紀』の補注によると、「コトは、事であるとともに言である。シリは、領すること、物のすみずみまで自分のものとすること。転じて、知ることの意を表わす語であるから、コトシリは、神の言を伝えて、現世の事（行為）を左右することを意味しよう。（略）事代主命に国譲りの返事をさせたことは、事代主命に、神意をうかがわせ、その託宣によって、国譲りのことを決したものと見ることができる」という。

なお、事代主神は漁を仕事としていたことから、福神の恵比寿《えびす》（戎）と同一視されるようになった。事代主神を主祭神としている島根県松江市美保関町の美保《みほ》神社は「ゑびす様の総本宮」を称している。

70　ことのまちひめのみこと／己等乃麻知比売命

〈祭神とする神社〉

◆事任《ことのまま》八幡宮（遠江国一宮）→132ページ

事任八幡宮の公式ホームページによると、この神は「忌部の神である玉主命《たまぬしのみこと》の娘神様で、中臣の祖である興台《ここと》産命《むすびのみこと》の后神様です。また、枚岡《ひらおか》神社や、春日《かすが》大社にお祭りされている天児屋根命《あめのこやねのみこと》の母神様です。ことのまちの「こと」は「事」でもあり「言」でもあります。また「まち」は「麻知」でも「真知」

でもあります。真を知る神、言の葉で事を取り結ぶ働きをもたれる神様として、また、言の葉を通して世の人々に加護を賜う「ことよさし」の神として敬われています。天と地と人を結ぶ、とても大切なお働きをなさる神様です」という。

事任の神は願い事を「言葉のまま」かなえてくれると信じられたことが『枕草子』や『東関紀行』などに書かれているが、右の引用にもあるように「言のままにかなえる」ではなく、「神の意志をそのままに伝える」ということだと思われる。

71　このはなのさくやひめのみこと／木花之佐久夜毘売命・木花開耶姫命

〈祭神とする神社〉

◆富士山本宮浅間《ふじさんほんぐうせんげん》大社（駿河国一宮）↓138ページ
◆浅間《あさま》神社（甲斐国一宮）↓144ページ
◆荒田《あらた》神社（播磨国二宮）↓112ページ
◆豊積《とよつみ》神社（駿河国二宮）↓138ページ
◆浅間《せんげん》神社（伊豆国三宮）↓142ページ

大山祇命《おおやまつみのみこと》（↓52）の娘神で、天照大神（↓7）の命を受けて地上に降臨した邇邇芸命《ににぎのみこと》（↓110）の妃神。

その美しさに一目惚れした邇邇芸命が大山祇命に結婚の許しを求めると、喜んだ大山祇命は姉の石長《いわなが》比売《ひめ》（磐長姫）も一緒に嫁がせた。しかし、石長比売は醜かったため妻とせずに帰してしまったため、大山祇神（『日本書紀』では磐長姫自身）は怒って、「花のように栄え、岩のように長い寿命が得られるように二人の娘を嫁がせたのに、木花之佐久夜毘売命のみを妻としたので寿命は花のように短くなるだろう」と言った。その後、一度の交わりで子を宿したため邇邇芸命に国つ神の子ではないかと疑われ、潔白を証明するために産屋に火を放って出産。日子穂穂出見命《ひこほほでみのみこと》（↓116）などの御子神を産んだ。このように神話のうえでは富士山との関係は語られていないが、大山祇神の娘神であるからか富士山の女神と信じられるようになり、各地の浅間神社で祀られている。

72　さかみのかみ／酒見神

〈祭神とする神社〉

◆住吉《すみよし》神社（播磨国三宮）↓112ページ

播磨国三宮の住吉神社は近世まで酒見神社・酒見大明神と呼ばれており、酒見神は本来の主祭神と考えられる。詳細は不明だが、養老年間（七一七〜七二四）に加西市河内町にある鎌倉峰に降臨した翁《おきな》と嫗《おうな》の神という。その霊威を知った山酒人《やまのさかひと》が社殿を建てて祀ったのが住吉神社（酒見神社）の起源とされる。

73　ささむたのおおかみ／西寒多大神

〈祭神とする神社〉

◆西寒多《ささむた》神社（豊後国一宮）↓268ページ

西寒多神社の社伝では天照皇大御神《あまてらすすめのおおみかみ》（↓7／天照大神）のこととする。

74　さむかわだいみょうじん／寒川大明神

〈祭神とする神社〉

◆寒川《さむかわ》神社（相模国一宮）↓180ページ

寒川比古命《さむかわひこのみこと》・寒川比女命《さむかわひめのみこと》のこととされる。このような地名＋彦（比古）・姫（比売）の形の男女ペアの神は、その土地の開発神または土地神（国魂）であることが多い。山や大岩といった自然物に対する崇拝から人格神への信仰の移行期の存在と考えられ、いまだ具体的な神話をもたないため、神名も寒川の男神・寒川の女神というようなものになっている。男女ペアであるのは原初の住人といった意味もあり、いわばその土地の伊弉諾尊《いざなぎのみこと》（↓19）・伊弉冉尊《いざなみのみこと》（↓20）なのである。同じような例に、若狭国の一宮・二宮の祭神である若狭彦大神《わかさひこのおおかみ》（↓143）・若狭姫大神《わかさひめのおおかみ》（↓144）がある。

なお、寒川神社の祭神は古くは寒川神と呼ばれていたが、明治に入って教部省の『特選神名牒』の編纂に伴って神名を定める必要ができ、『皇太神宮儀式帳』に伊勢神宮末社の牟彌乃神社《むみのじんじゃ》（所在不明）の祭神が寒川比古命・寒川比女命と記載されていることから、祭神名を寒川比古命・寒川比女命と定めたという。

75　さむかわひこのみこと／寒川比古命

寒川大明神《さむかわだいみょうじん》（↓74）。

76　さむかわひめのみこと／寒川比女命

寒川大明神《さむかわだいみょうじん》（↓74）。

77　さるたひこのおおかみ／猿田彦大神

〈祭神とする神社〉

◆椿大神社《つばきおおかみやしろ》（伊勢国一宮）↓98ページ

◆都波岐奈加等《つばきなかと》神社（伊勢国一宮）↓98ページ

◆大麻比古《おおあさひこ》神社（阿波国一宮）↓250ページ

天照大神（↓7）の命により邇邇芸命《ににぎのみこと》（↓110）が地上へ降下しようとした時、天の辻（天《あめ》の八衢《やちまた》）に立っていた神で、その偉容（『古事記』によれば「上は高天《たかま》の原を光《てら》し、下は葦原中国《あしはらのなかつくに》を光す」、『日本書紀』によれば「其の鼻の長さ七咫《ななあた》、背《そびら》の長さ七尺余り。当《まさ》に七尋《ななひろ》と言うべし。且口尻《またくちわき》明り輝《て》れり。眼は八咫《やたの》鏡《かがみ》の如くして、赩然《てりかがやけること》赤酸醤《あかかがち》に似れり」）に神々も怖じけて近寄れなかったという。そこで、天鈿女《あめのうずめの》命《みこと》（↓10）が胸を露わにするなどして近づいて名を聞き出したとされる。猿田彦大神は天孫が降臨すると聞いたので道案内のために天の辻にいたのであり、ここから道開きの神といわれることもある。

また、辻にいたことから道祖神とも同一視された。鼻が長いとされるため天狗と混同されることも多い。民俗儀礼では天狗面の猿田彦とおかめの面の天鈿女が性的な所作をして豊穣を招くというものがある。『古事記』には比良夫貝《ひらぶがい》に手をはさまれて溺れ死んだと語られており、トリックスター（時に愚かしい行動をする文化英雄）的な面ももっている。

78　しおつちおぢのかみ／塩土老翁神

〈祭神とする神社〉

◆鹽竈《しおがま》神社（陸奥国一宮）↓208ページ

塩椎神《しおつちのかみ》ともいう。その名のとおり製塩法を人に教えた神であるが、導きの神としての性格もある。山幸彦こと彦火火出見尊《ひこほほでみのみこと》（↓116）が兄・海幸彦（火照命《ほでりのみこと》または火闌降命《ほすせりのみこと》）の釣り針をなくして途方に暮れていた時、綿津見神《わたつみのかみ》（↓146）の宮に行くことを教え、そこへの乗り物として目無籠《まなしかたま》（目の詰まった籠製の船）を与えたとされる。また、神武《じんむ》天皇（↓84）に東征を勧めた神でもある。

79　したてるひめのみこと／下照姫命

〈祭神とする神社〉

◆倭文《しとり》神社（伯耆国三宮）↓218ページ

◆仁壁《にかべ》神社（周防国三宮）↓242ページ

下光比売命とも書く。大国主命（↓40）の娘神で、味耜高彦根神《あじすきたかひこねのかみ》（↓1）の妹神。大国主命と国譲りの交渉のために地上に降りた天稚彦《あめのわかひこ》と結婚し、国つ神側に寝返らせた。

80　しとりのかみ／名倭文神

〈祭神とする神社〉

◆静《しず》神社（常陸国二宮）↓198ページ

倭文神とも書き、「しずりのかみ」とも読む。織物の神。天照大神（↓7）が天の岩屋に隠れた際に文布《しづ》を織った天羽槌雄神《あめのはつちおのかみ》のこととされるが、『日本書紀』に「倭文神建葉槌命」とあることから建葉槌命（↓95）と同一神と思われる。なお、伯耆国の倭文神社（一宮・三宮）は建葉槌命（↓95）を主祭神としている。

81　しなつひこのみこと／級津彦命

〈祭神とする神社〉

◆川勾《かわわ》神社（相模国二宮）↓180ページ
◆小物忌《おものいみ》神社（出羽国三宮）↓210ページ

志那都比古神と書くこともある。風の神。伊奘諾尊《いざなぎのみこと》の息から生まれた神とされる。男神一神で祀られることもあるが、川勾神社のように級津姫命《しなつひめのみこと》とペアで祀られることもある。

82　しなつひめのみこと／級津姫（比売）命

級津彦命《しなつひこのみこと》（↓81）。

83　じんぐうこうごう／神功皇后

〈祭神とする神社〉

◆住吉《すみよし》大社（摂津国一宮）↓92ページ
◆筥崎宮《はこざきぐう》（筑前国一宮）↓258ページ
◆宇佐《うさ》神宮（豊前国一宮）↓264ページ
◆柞原《ゆすはら》八幡宮（豊後国一宮）↓268ページ
◆千栗《ちりく》八幡宮（肥前国一宮）↓270ページ
◆二宮《にのみや》八幡宮（伊豆国二宮）↓142ページ

◆忌宮《いみのみや》神社（長門国二宮）↓246ページ
◆住吉《すみよし》神社（播磨国三宮）↓112ページ
◆藤崎《ふじさき》八旛宮（肥後国三宮）↓274ページ

仲哀《ちゅうあい》天皇（↓103）の妃、応神《おうじん》天皇（↓112／八幡大神《はちまんおおかみ》）の母。政治・軍事においてすぐれた手腕を発揮した女傑であるが、巫女《みこ》としての能力もあり、しばしば神の託宣を受けている。

仲哀天皇に従って熊襲《くまそ》征伐のために筑紫の香椎宮《かしいぐう》にいた時も、天皇が琴を弾き、皇后が神を憑依《ひょうい》させ、武内宿禰《たけのうちのすくね》（↓94）が審神者《さにわ》（神と問答する役）を務めて託宣を求めたが、「西方に豊かな国があるからこれを与えよう」という託宣を信じなかったため天皇は急死し、代わって新羅遠征をすることになった。この遠征を守護したのが住吉大神《すみよしのおおかみ》（↓88）と宗像《むなかた》三女神（↓24／市杵嶋姫命《いちきしまひめのみこと》・田心姫《たごりひめ》〈多紀理姫《たきりひめ》〉命《のみこと》・湍津姫《たぎつひめ》〈多岐津姫《たぎつひめ》〉命《のみこと》）であった。遠征の時、皇后は懐妊していたといわれ、石を裳にはさんで出産を遅らせたとも伝えられる。こうして生まれたのが応神《おうじん》天皇である。皇子の異母兄弟との戦いにも策略を使って勝ち、皇子を皇太子とし、自らは摂政となって政治を行なったとされる。

84 じんむてんのう／神武天皇

神日本磐余彦尊《かむやまといわれびこのみこと》（↓58）。

85　すくなひこなのかみ（みこと）／少彦名神（命）・少名毘古那神

〈祭神とする神社〉

◆敢國《あえくに》神社（伊賀国一宮）↓96ページ
◆荒田《あらた》神社（播磨国二宮）↓112ページ
◆伊香保《いかほ》神社（上野国三宮）↓202ページ

大国主命（↓40）の国造りを助けた神。

非常に小さな神で、ミソサザイの羽を衣にしていたとも、ガガイモの舟に乗っていたともいわれる。また、大国主命が掌でもてあそんでいたら飛び上がって頬を嚙んだともいう。『古事記』によると、大国主命が美保《みほ》の岬にいた時、海の向こうからガガイモの舟に乗ってやって来たという。名を問うても答えず、周りの神に聞いても知らないと言う。そこで、動くことはできないけれど世の中のことをよく知っている崩彦《くえびこ》（山田之曾富騰《やまだのそほど》、案山子《かかし》のこと）に聞いてみると、「これは神産巣日神《かみむすひのかみ》の御子、少名毘古那神だ」と教えた。神産巣日神に確かめてみると、「確かに我が子です。手の股からこぼれた子です」と言った。以後、大国主命のパートナーとなるのだが、国土の完成を待たずに常世《とこよ》の国に渡ってしまう。『日本書紀』は粟の茎にはじかれて常世に行ったとする。「記紀」には具体的な事績は語られていないが、各国の風土記には民話的なユニークな話が多く収録されている。『播磨国風土記《はりまのくにふどき》』には、土を背負って歩くのと糞便を我慢して歩くのとどっちが遠くに行けるかを、大国主命と競った話が載っている。

86　すごういそべのかみ／菅生石部神

〈祭神とする神社〉

◆菅生石部《すごういそべ》神社（加賀国二宮）→１６４ページ

日子穂穂手見命《ひこほほでみのみこと》（→116）・豊玉毘売命《とよたまびめのみこと》（→108）・鵜葺草葺不合命《うがやふきあえずのみこと》（→31）のこと（各項目参照）。

87　すさのおのみこと／須佐之男命・素盞嗚尊（命）・素戔嗚尊

〈祭神とする神社〉

◆氷川《ひかわ》神社（武蔵国一宮）→１８４ページ

◆荒田《あらた》神社（播磨国二宮）→１１２ページ

◆多岐《たぎ》神社（美濃国三宮）→１４８ページ

天照大神（→7）・月読命《つきよみのみこと》とともに伊弉諾尊《いざなぎのみこと》（→19）が生んだ神のなかでももっとも貴い神とされ、「三貴子」と呼ばれる。

伊弉諾尊に海原の統治を命じられるが母を恋しがって泣いてばかりいるので追放されてしまう（誕生の仕方や統治場所は伝承によって異なる。『古事記』は伊邪那岐命《いざなぎのみこと》が禊《みそぎ》をした時に生まれたとするが、それでは母を恋しがるのはおかしい）。天照大神に別れを告げに高天原を訪れるが、狼藉を働き天照大神の天の岩屋隠れを引き起こす。そのため高天原も追放され、出雲に降下し、ここで八岐大蛇《やまたのおろち》を退治する。大国主命の神話では若い大国主命に試練を課す根《ね》の国の王として登場する。このように大和神話の中心的神格でありながら出雲神話の神としての性格ももち、両神話をつなぐ役目を果たしている。あるいは須佐之男命はこの役目のために、出雲の神に月読命《つくよみのみこと》のエピソードの一部を与えて創られた神格なのかもしれない。そう考えると、統治場所に異説があるのも、食の女神を殺すという月読命の事績が『古事記』では須佐之男命の行為として語られているのも説明がつく。なお、中世以降は祇園《ぎおん》社（八坂神社）の祭神として信仰が広まった。

88　すみよしのおおかみ／住吉大神

〈祭神とする神社〉

◆住吉《すみよし》大社（摂津国一宮）↓92ページ
◆住吉神社（長門国一宮）↓246ページ
◆住吉神社（筑前国一宮）↓258ページ
◆住吉神社（播磨国三宮）↓112ページ
◆仁壁《にかべ》神社（周防国三宮）↓242ページ
◆藤崎《ふじさき》八旛宮（肥後国三宮）↓274ページ

伊弉諾尊《いざなぎのみこと》（↓19）が黄泉《よみ》から戻って禊《みそぎ》をした時に生まれた神。底筒之男命《そこつつのおのみこと》・中筒之男命《なかつつのおのみこと》・上筒之男命《うわつつのおのみこと》の三神からなるが、これは海の底・中程・海面の三カ所で生まれたことを示している。なお、住吉三神と同時に底津綿津見神《そこつわたつみのかみ》・中津綿津見神《なかつわたつみのかみ》・上津綿津見神《うわつわたつみのかみ》の綿津見三神（↓146／綿津見神）も生まれている。

その信仰が広まったのは神功皇后の新羅遠征を守護した航海の神・軍神と信じられたためで、『日本書紀』によると「和魂《にぎみたま》は王身《みついで》に服《したが》いて寿命《みいのち》を守らむ。荒魂《あらみたま》は先鋒として師船《いくさのふね》を導かむ」と託宣したとされる。このため、重要な住吉神社の分社は神功皇后の遠征路に沿って分布している。そのなかでも重要なのは大阪市住吉区の住吉大社で、これは「吾が和魂をば大津の渟中倉《ぬなくら》の長峡《ながさ》に居《ま》さしむべし。便ち因《よ》りて往来《ゆきかよ》う船を看《みそなわ》さむ」という住吉大神の託宣によって創建されたものという。いっぽう、荒魂は山口県下関市の住吉神社に祀られているとする。数ある海の神のなかでも外海にもその霊威が及ぶ名神《みょうじん》として遣唐使などからも信仰された。

89　そこつつのおのみこと（かみ）／底筒之男命・底筒男命（神）

住吉大神《すみよしのおおかみ》（↓88）。

90　そとおりひめのみこと／衣通姫命

〈祭神とする神社〉

◆川勾《かわわ》神社（相模国二宮）↓180ページ

衣通姫とは衣を通して美しさが表われる姫の意で、美女の形容。『古事記』では允恭《いんぎょう》天皇の皇女で同母兄の木梨《きなし》の軽皇子《かるのみこ》と道ならぬ恋をした軽郎女《かるのいらつめ》のこととするが、『日本書紀』では允恭天皇の妃の妹で天皇の寵愛を受けた衣通郎女《そとほしのいらつめ》のこととする。川勾神社の祭神がどちらの衣通姫命か判然としないが、安産に霊験があるとされているので、あるいは別の衣通姫伝説があったのかもしれない。

91　たぎつひめのみこと／湍津姫命・多岐津姫命

市杵嶋姫命《いちきしまひめのみこと》・田心姫《たごりひめ》（多紀理姫《たきりひめ》）命《のみこと》・湍津姫《たぎつひめ》（多岐津姫《たぎつひめ》）命《のみこと》（↓24）。

92　たくはたちひめのみこと／栲幡千々姫命

〈祭神とする神社〉

◆泉穴師《いずみあなし》神社（和泉国二宮）↓88ページ

天忍穂耳尊《あめのおしほみみのみこと》（↓11）の妃神で、瓊瓊芸命《ににぎのみこと》（↓110）の母神。万幡豊秋津師比売命《よろずはたとよあきつしひめのみこと》ともいう。上質の美しい織物をする神。稲に実りをもたらす神ともいう。

93　たけいわたつのみこと／健磐龍命

〈祭神とする神社〉

◆阿蘇《あそ》神社（肥後国一宮）↓274ページ

阿蘇神社では三つの神殿（一の神殿・二の神殿・諸神殿）に十二柱の神（健磐龍命・比咩《ひめ》神（阿蘇津姫命）・國龍《くにたつ》神（吉見神《よしみのかみ》）・比咩御子《ひめみこ》神・彦御子《ひこみこ》神・若比咩神・新彦《にいひこ》神・新比咩《にいひめ》神・若彦神・彌比咩《やひめ》神・國造《くにつくり》神（速瓶玉命《はやみかたま》）・金凝《かなこり》神）を祀っているが、実質的な主祭神は健磐龍命。その他の神はその妻や子、親などの親戚に当たる。神武天皇の孫で、天皇の命により（父の八井耳命《やいみみのみこと》の命によるともいう）筑紫に入って反乱を鎮めたとされるが、阿蘇山の外輪山を蹴破ったといった巨人伝説も伝わっており、もともとは阿蘇山を神格化したものと思われる。

94　たけのうちのすくねのみこと／武内宿禰命

〈祭神とする神社〉

◆宇倍《うべ》神社（因幡国一宮）↓216ページ

建内宿禰命とも書く。『古事記』『日本書紀』に語られる伝説の功臣。景行《けいこう》・成務《せいむ》・仲哀《ちゅうあい》・応神《おうじん》・仁徳《にんとく》の五代の天皇に仕え、三百六十余歳の長寿を保ったとされる。『因幡国風土記《いなばのくにふどき》』逸文などによると、宇倍神社社殿裏の双履石《せおうりせき》に沓《くつ》を残して姿を消したという。一宮制度との関わりでは、神功《じんぐう》皇后の遠征や政治を補佐したとされることが注目される。赤子の応神《おうじん》天皇を抱く姿に描かれることも多い。

95　たけはづちのみこと／建葉槌命

〈祭神とする神社〉

◆倭文《しとり》神社（伯耆国一宮）↓218ページ

◆静《しず》神社（常陸国二宮）↓198ページ

◆倭文《しとり》神社（伯耆国三宮）↓218ページ

倭文神建葉槌命・倭文神ともいう。織物の技能によって朝廷に仕えた倭文部が奉斎した神で、各地の倭文神社・静神社などで祀られる。『日本書紀』では武甕槌大神《たけみかづちのおおかみ》・経津主大神《ふつぬしのおおかみ》による地上平定後も服従しなかった星の神・香香背男《かかせお》を討伐したことが語られるのみだが、『古語拾遺《こごしゅうい》』に登場する倭文部の祖先神・天羽槌雄神《あめのはつちおのかみ》（天照大神が天の岩屋隠れをした時に、太玉命《ふとだまのみこと》に指示されて機織りをした神）と同一視されており、ここから織物の神として信仰されてきた。岩波文庫版『日本書紀』の注釈によれば、「ハは、羽の意。すべて動物の身を覆うものをハという。つまり着物の意。ツは助詞ノ。チは勢威。よって、ハッチは着物の神。シトリは古来の文様であるから、シトリ神のタケハッチとなる」という。

96　たけみかづちのおおかみ（みこと）／武甕槌大神（命）

〈祭神とする神社〉

◆枚岡《ひらおか》神社（河内国一宮）→86ページ
◆鹿島《かしま》神宮（常陸国一宮）→198ページ
◆鹽竈《しおがま》神社（陸奥国一宮）→208ページ

建御雷之男神《たけみかづちのおのかみ》とも書く。伊弉諾尊《いざなぎのみこと》（→19）が火の神・迦具土神《かぐつちのかみ》の首を斬った時に生まれた神で、大国主命（→40）に国譲りを認めさせた武神。

『古事記』によれば、国譲りに反対した建御名方神《たけみなかたのかみ》（→97）を打ちひしぎ、信濃の諏訪まで追い詰めたという。また、神武《じんむ》天皇が熊野で悪神に惑わされている時に、天照大神《あまてらすおおみかみ》（→7）らの命により布都《ふつの》御魂剣《みたまのつるぎ》を下して助けたとも伝えられている。その神名より雷神であることが知られるが、『古事記』は別名を建布都神《たけふつのかみ》としており、剣の神の性格ももっていることがわかる（「ふつ」は剣が物を斬る時の音）。この名は同じく国譲りで活躍した武神の経津主大神《ふつぬしのおおかみ》（→124）とよく似ており、両神の関係の深さを想像させる（このことについては、下総国・常陸国の項も参照されたい）。

もとは物部《もののべ》氏が奉斎していた神と思われるが、物部氏の衰退によって中臣氏（藤原氏）が祀るようになり、経津主大神とともにその氏神社である春日《かすが》大社の祭神とされた。鹿島神宮にある要石《かなめいし》が地震を起こす大ナマズを押さえているとされることから、地震除けの神ともされた。

97　たけみなかたのかみ／建御名方神

〈祭神とする神社〉

◆諏訪《すわ》大社（信濃国一宮）↓154ページ
◆小野《おの》神社（信濃国二宮）↓154ページ

大国主命（↓40）の御子神。国譲りに反対し、武甕槌大神《たけみかづちのおおかみ》（↓96）に挑んだが、破れて諏訪に逃げ込んだとされる。そして、諏訪から出ないこと、父神には逆らわないことを条件に許されたという。しかし、諏訪に伝わる神話では、洩矢神《もりやしん》という地元の神を打ち破って諏訪に鎮座したと伝えられている。

98　たごりひめのみこと／田心姫命

市杵嶋姫命《いちきしまひめのみこと》・田心姫《たごりひめ》（多紀理姫《たきりひめ》）命《のみこと》・湍津姫《たぎつひめ》（多岐津姫《たぎつひめ》）命《のみこと》（↓24）。

99　たたみひこのみこと／多多美彦命

〈祭神とする神社〉

◆伊富岐《いぶき》神社（美濃国二宮）↓148ページ

伊吹山の神。詳細は不明だが、久恵《くえ》の峰と浅井の岡が背比べした時に、浅井の岡が一夜にして背が高くなったのに立腹して、その頭を切り落としたという神話が伝わっている。なお、その神話によると、竹生島は琵琶湖に落ちた浅井の岡の頭だとする。

100　たまのおやのみこと／玉祖命

〈祭神とする神社〉

◆玉祖神社《たまのおや》（周防国一宮）↓242ページ

比々多《ひびた》神社（相模国三宮）は天明玉命《あめのあかるたまのみこと》として祀る。天照大神（↓7）が天の岩屋隠れをした時に勾《まが》玉《たま》を作った神で、玉作部の祖神。瓊瓊芸命《ににぎのみこと》（↓110）の降臨（天孫降臨）に随伴した神の一柱でもある。なお、岩屋隠れの際に作った勾玉は瓊瓊芸命に与えられ、のちに三種の神器の一つ（八尺瓊《やさかに》の勾玉）となった。

101　たまよりひめのみこと／玉依媛命・玉依姫（比売）命

〈祭神とする神社〉

◆賀茂御祖《かもみおや》神社（下鴨神社、山城国一宮）↓78ページ

◆玉前《たまさき》神社（上総国一宮）↓190ページ

◆筥崎宮《はこざきぐう》（筑前国一宮）↓258ページ

◆知立《ちりゅう》神社（三河国二宮）↓128ページ

◆龍王《りゅうおう》神社（長門国三宮）↓246ページ

神霊（玉・魂）を依《よ》り憑《つ》ける娘という意味の名前で、神話にしばしば登場する巫女的ヒロインの名前。賀茂御祖神社で祀られる玉依媛命は賀茂別雷《かもわけいかづち》神社の祭神である賀茂別雷神（↓60）の母、知立神社の玉依比売命は神武《じんむ》天皇（↓84）の母のことである。

102 たむらのおおかみ／田村大神

〈祭神とする神社〉

◆田村《たむら》神社（讃岐国一宮）→252ページ

倭迹迹日百襲姫命《やまとととひももそひめのみこと》・五十狭芹彦命《いさせりひこのみこと》・猿田彦大神《さるたひこのおおかみ》（→77）・天隠山命《あめのかごやまのみこと》（高倉下命《たかくらじのみこと》／→12）・天五田《あめのいた》根命《ねのみこと》（天村雲命《あめのむらくものみこと》）の五柱の神とされる。倭迹迹日百襲姫命は大物主神（→50）が通った美女、五十狭芹彦命は倭迹迹日百襲姫命の弟で吉備国を平定した大吉備津彦大神《おおきびつひこのおおかみ》（→38）のこと、猿田彦大神は邇邇芸命《ににぎのみこと》（→110）が高天原から降下した時に道案内をした神、天隠山命は高倉下命ともいい、熊野で苦しんでいた神武《じんむ》天皇に武甕槌大神《たけみかづちのおおかみ》（→96）が下した神剣を届けた神、天隠山命は彌彦《やひこ》神社（越後国一宮）の祭神ともなっている（彌彦神社では天香山命と表記する）。天五田根命は天隠山命の御子神である。

103 ちゅうあいてんのう／仲哀天皇

〈祭神とする神社〉

◆柞原《ゆすはら》八幡宮（豊後国一宮）→268ページ
◆千栗《ちりく》八幡宮（肥前国一宮）→270ページ
◆忌宮《いみのみや》神社（長門国二宮）→246ページ
◆藤崎《ふじさき》八旛宮（肥後国三宮）→274ページ

日本武尊（→140）の皇子で、神功皇后（→83）の夫、応神《おうじん》天皇（→34）の父。熊襲《くまそ》征伐のために皇后を連れて筑紫に向かうが、この地で崩御したとされる。

104　つみはやえことしろぬしのかみ／積羽八重事代主神

事代主神《ことしろぬしのかみ》（↓69）。

105　とようけひめのみこと／豊受姫命・豊受比売命

〈祭神とする神社〉

◆恩智《おんぢ》神社（河内国二宮）↓86ページ

◆小物忌《おものいみ》神社（出羽国三宮）↓210ページ

豊由宇気神《とゆうけのかみ》ともいう。「け」は食物の意で、「とよ」はその美称。したがって、神名は「豊かな食物の女神」あるいは「素晴らしい食物の女神」といった意味。伊勢神宮外宮《げくう》の祭神で、内宮《ないくう》祭神の天照大神（↓7）の神饌《しんせん》を司るとされる。また、倉稲魂神《うかのみたまのかみ》（↓30）・大宜都比売神《おおげつひめのかみ》などの食の神とも同一視される。『日本神祇由来事典』によると、「一説に、倉稲魂神を御饌殿《みけでん》について御饌都神《みけつかみ》と奉祀するときは、豊受大神と称し、調御倉《つきのみくら》について祀るときは、宇賀能美多麻神《うかのみたまのかみ》と称し、御酒殿に就いて祀るときは、豊宇賀《とようか》能売命《のめのみこと》と称し奉る」という。

106　とよきいりひこのみこと／豊城入彦命

〈祭神とする神社〉

◆二荒山《ふたあらやま》神社（下野国一宮）↓206ページ

◆赤城《あかぎ》神社（上野国二宮）↓202ページ

豊木入日子命とも書く。崇神《すじん》天皇の皇子で、上毛野《かみつけぬ》の君・下毛野の君の祖。『日本書紀』によると、皇太子選びに迷った崇神天皇は、豊城入彦命と活目入彦命《いくめいりひこのみこと》（のちの垂仁《すいにん》天皇）の二人の皇子を呼び、どんな夢を見たか報告するように言った。すると、豊城入彦命は御諸山《みもろやま》（三輪山）に登って東を向き、槍を八度突き出し、剣を八度振るう夢を見たと言った。これに対し活目入彦命は、御諸山に登って四方に縄を張り、粟を食べる雀を追い払っている夢を見たと言った。これを聞いた天皇は、兄の豊城入彦命は東を向いていたから東国を治めさせることとし、四方を見ていた弟の活目入彦命に皇位を譲ることにしたとされる。

107　とよくむぬのみこと／豊斟渟尊

〈祭神とする神社〉

◆比々多《ひびた》神社（相模国三宮）→180ページ

豊国野尊《とよくにぬのみこと》・豊雲野尊《とよくもぬのみこと》ともいう。『日本書紀』神代の巻の冒頭に語られる創世の神・神世七代の三番目の神。人格神ではなく、宇宙の創成の段階を象徴的に表わした神と思われる。したがって、この神を始祖とする氏族はない。『日本神祇由来事典』は「この神の名は、大地創世の初めのころ、浮脂の如く漂っていたものが、しだいに固まる状態を表したものである。豊は大の意で、雲は籠る・組むに置き換えられる字で、群がり固まるという意味である。本居宣長の『古事記伝』の解釈によれば、豊雲野神は一名を豊国主尊といわれ、豊かに富み足りた国の意味を表す神であるとしている」と述べているが、岩波文庫版『日本書紀』の補注によれば、「トヨは、もと擬音語。鳴りとよむ音を擬した語。後には転じて稲の収穫の豊富なことを形容する語。斟は、酒などをつぐ意。クムと訓む。クミとも訓める文字。渟は沼の意。ヌと訓む」という。

108 とよたまひ（び）めのみこと／豊玉姫（毘女・比売）命

〈祭神とする神社〉

◆鹿児島《かごしま》神宮（大隅国一宮）↓280ページ

◆海神《わたつみ》神社（対馬国一宮）↓286ページ

◆菅生石部《すごういそべ》神社（加賀国二宮）↓164ページ

若狭姫《わかさひめ》神社（若狭国二宮）・若狭姫大神も豊玉姫命のこととされる。綿津見神（↓146）の娘神で、兄・火照命《ほでりのみこと》（海幸彦）の釣り針を探しに綿津見の宮を訪れた彦火火出見命《ひこほほでみのみこと》（↓116）に見初められて妃となる。しかし、八尋《やひろ》の鰐（サメのこと）の姿になって出産しているところを見られてしまったため、御子神の鸕鷀草葺不合尊《うがやふきあえずのみこと》（↓31）を残して海に戻ってしまう。同様の神話は東南アジアに分布している。

109 なかつつのおのみこと（かみ）／中筒之男命・中筒男命（神）

住吉大神《すみよしのおおかみ》（↓88）。

110　ににぎのみこと（かみ）／邇邇芸命・瓊瓊杵尊（神）

〈祭神とする神社〉

◆射水《いみず》神社（越中国一宮）↓１７０ページ
◆新田《にった》神社（薩摩国一宮）↓２８２ページ
◆穂高《ほたか》神社（信濃国三宮）↓１５４ページ

正しくは天邇岐志国邇岐志天津日高日子番能邇邇芸命《あめにきしくににきしあまつひこひこほのににぎのみこと》または天津彦彦火瓊瓊杵尊《あまつひこひこほのににぎのみこと》という。天照大神（↓7）の孫であることから天孫《てんそん》とも呼ばれる。

もともと地上（葦原中国《あしはらのなかつくに》）の統治は父の天忍穂耳尊《あめのおしほみみのみこと》（↓11）に託されるはずであったが、武甕槌《たけみかづちの》大神《おおかみ》（↓96）や経津主神《ふつぬしのかみ》（↓124）らが平定を行なっている間に邇邇芸命が生まれたので、父に代わって降臨することとなった。天照大神は邇邇芸命に高天原の稲と三種の神器を授け、稲の普及と地上の統治を命じた。神武以降の天皇はこの邇邇芸命の使命を継ぐ者ということができる。地上に降り立った邇邇芸命は木花之佐久夜毘売命《このはなのさくやひめのみこと》（↓71）を見初め、妃として日子穂穂手見命《ひこほほでみのみこと》（↓116）などの御子神を生む。三浦祐之氏によれば、その神名は「天を和らげ（アメニキシ）、国を和らげる（クニニキシ）、天空の日の御子（アマツヒコ）、すばらしいにぎわい（ヒコホノニニギ）」（『口語訳　古事記　神代篇』）という意味だとするが、「ほのににぎ」については、よく実った稲穂の意味もあるとされる。

111　ぬなかわひめのみこと／奴奈加波比売命

〈祭神とする神社〉

◆氣多《けた》神社（越中国一宮）↓１７０ページ

大国主命（↓40）の妃神。高志《こし》（越）の女神。三浦佑之氏によれば、「ヌは玉の意で（ナは格助詞）、玉の川の女神。ヌナ川は今、糸魚川市で日本海に注ぐ姫川と呼ばれる川で、その上流は、古代におけるヒスイ原石の東アジア唯一の産地として有名」（『口語訳　古事記　神代篇』）という。こうしたことから、宝石加工に携わる氏族の神であったとも考えられる。

112　はちまんおおかみ／八幡大神

〈祭神とする神社〉

◆筥崎宮《はこざきぐう》（筑前国一宮）↓２５８ページ
◆宇佐《うさ》神宮（豊前国一宮）↓２６４ページ
◆柞原《ゆすはら》八幡宮（豊後国一宮）↓２６８ページ
◆千栗《ちりく》八幡宮（肥前国一宮）↓２７０ページ
◆二宮《にのみや》八幡宮（伊豆国二宮）↓１４２ページ
◆忌宮《いみのみや》神社（長門国二宮）↓２４６ページ
◆大水上《おおみなかみ》神社（讃岐国二宮）↓２５２ページ
◆藤崎《ふじさき》八旛宮（肥後国三宮）↓２７４ページ

宇佐神宮を総本宮とする全国の八幡宮（八幡神社）で祀られる神。「やはたのおおかみ」とも読む。応神《おうじん》天皇（誉田別命《ほんだわけのみこと》）のこととされるが、豊前国宇佐郡周辺を拠点とした宇佐氏・辛嶋《からしま》氏・大神《おおが》氏の信仰を核として発展したものと思われる。養老《ようろう》四年（七二〇）に隼人《はやと》の反乱を鎮撫するという霊威を発揮したことで都でもその名が知られるようになり、東大寺大仏建立への助力や弓削道鏡《ゆげのどうきょう》の皇位簒奪の阻止などによって朝廷守護、国家鎮護の神としての地位を確立した。また、応神天皇の化身とする説が普及したことによって、皇祖神としても信仰されるようになった。いち早く神仏習合がなされた神でもあり、八幡大菩薩などと呼ばれた。分社が各地の信仰の拠点となったことも大きな特徴で、近畿は石清《いわし》水《みず》八幡宮、関東は鶴岡《つるがおか》八幡宮が信仰を集めた。

なお、二宮八幡宮（伊豆国三宮）は誉田別命、忌宮《いみのみや》神社（長門国二宮）は応神天皇として祀っている。

113 ひこいますのみこと／日子坐王

〈祭神とする神社〉

◆粟鹿《あわが》神社（但馬国二宮）↓214ページ

開化《かいか》天皇の皇子で、四道将軍の一人。丹波国に派遣され、この地を開拓したとされる。しかし、『日本書紀』では丹波に派遣されたのは日子坐王の御子の丹波道主命《たんばのみちぬしのみこと》だとする。

114 ひこなぎさたけうがやふきあえずのみこと／彦波限武鵜葺不合尊

鵜《う》葺《が》草《や》葺不合尊《ふきあえずのみこと》（↓31）。

115 ひこほあかりのみこと／彦火明命

〈祭神とする神社〉

◆籠《この》神社（丹後国一宮）↓110ページ

◆真清田《ますみだ》神社（尾張国一宮）↓124ページ

火明命《ほのあかりのみこと》ともいい、真清田神社では天火明命《あめのほあかりのみこと》の名で祀っている。天照大神の孫で皇祖神である邇邇芸命《ににぎのみこと》（↓110）の兄。邇邇芸の子とする伝承もあるが、籠神社は兄として祀っている。また、邇邇芸命が天照大神の神霊を奉じて日向の高千穂に降臨したのに対し、豊受大神《とようけのおおかみ》の神霊を奉じて丹後に降臨し、丹後・丹波地方を開拓したとする。賀茂別雷《かもわけいかづち》神社（上賀茂神社、山城国一宮）の祭神・賀茂別雷神《かもわけいかづちのかみ》と異名同神ともいわれる。また、真清田神社では天道日女命《あめのみちひめのみこと》との間に尾張を開拓し尾張の祖となった天香山命《あめのかぐやまのみこと》をもうけたことから、尾張氏の祖神としている。

116 ひこほほでみのみこと／日子穂穂手見命・彦火火出見尊

〈祭神とする神社〉

◆鹿児島《かごしま》神宮（大隅国一宮）↓２８０ページ
◆知立《ちりゅう》神社（三河国二宮）↓１２８ページ
◆菅生石部《すごういそべ》神社（加賀国二宮）↓１６４ページ

火遠理《ほおり》命、山幸彦ともいう。また、若狭彦《わかさひこ》神社（若狭国一宮）の祭神、若狭彦大神も彦火火出見尊のことといわれる。邇邇芸命《ににぎのみこと》（↓110）の御子神で、神武《じんむ》天皇（↓84）の祖父。海幸彦と呼ばれる兄の火照命《ほでりのみこと》（火闌降命《ほすそりのみこと》）に互いの幸《さち》（生活の道具であるとともに幸運の源）である釣り具と弓矢の交換を強要したが、獲物が得られなかったばかりか釣り針をなくしてしまう。兄に元の針を返せと言われたため、塩土老翁神《しおつちのおぢのかみ》（↓78）の助力を得て綿津見神《わたつみのかみ》（↓146）の宮へ行き、豊玉姫命《とよたまひめのみこと》（↓108）と出会う。綿津見神の協力によって釣り針を取り戻し、綿津見神より授かった呪文と宝珠で兄を屈服させる。その後、豊玉姫命が出産のためにやって来るが、見るなと言われていた出産の場面を覗いてしまい、海に帰られてしまう。

117 ひじりのかみ／聖神

〈祭神とする神社〉

◆聖《ひじり》神社（和泉国三宮）→88ページ

須佐之男命（→87）の御子神である大年神《おおとしのかみ》の御子神。大年神の一族は農耕に関わる神が多いが、聖神は「日知り神」のことで、暦を司る神ではないかといわれている。なお、和泉国の聖神社は安倍晴明《あべのせいめい》の母とされる信太《しのだ》狐ゆかりの社で、信太明神とも呼ばれる。

118 ひとことぬしのかみ／一言主神

〈祭神とする神社〉

◆土佐《とさ》神社（土佐国一宮）→256ページ

奈良県の葛城山の神で、その山麓に鎮座する葛城《かつらぎ》一言主《ひとことぬし》神社（御所《ごせ》市）で祀られてきた。良きことも悪しきことも一言で言い表わす神とされる。『古事記』では雄略《ゆうりゃく》天皇を信服させる霊威の高い神として表わされているが、『続日本紀《しょくにほんぎ》』では雄略天皇によって土佐に流されたことになっている。この逸話は一言主神を奉斎していた賀茂氏の一派が土佐に移住した事情を示すものと思われ、そうした一族によって創建されたのが土佐神社であったと考えられる。

119 ひのくまのおおかみ／日前大神

〈祭神とする神社〉

◆日前《ひのくま》神宮（紀伊国一宮）→104ページ

天照大神（↓7）が天の岩屋に隠れた際に石凝姥命《いしこりどめのみこと》が造った鏡は二枚あり、祭祀に用いられたものは八咫鏡《やたのかがみ》として三種の神器となったが、もう一枚は日前神宮の神体となったという。これを日像鏡《ひがたのかがみ》と呼ぶが、日前大神はここに宿る天照大神の前霊《さきみたま》（幸いをもたらす神霊）だという。國懸大神《くにかがすのおおかみ》（↓65）参照。

120　ひめおおかみ／姫大神・比売大神

〈祭神とする神社〉

◆一之宮貫前《いちのみやぬきさき》神社（上野国一宮）↓202ページ

◆宇佐《うさ》神宮（豊前国一宮）↓264ページ

女神の意。宇佐神宮は「比売大神様は八幡さまが現われる以前の古い神、地主神として祀られ崇敬されてきました」として宗像《むなかた》三女神（↓24／市杵嶋姫命《いちきしまひめのみこと》・田心姫《たごりひめ》〈多紀理姫《たきりひめ》〉命《のみこと》・湍津姫《たぎつひめ》〈多岐津姫《たぎつひめ》〉命《のみこと》）を祀っている。比売御神（↓121）参照。

121　ひめみかみ／比売御神

〈祭神とする神社〉

◆枚岡《ひらおか》神社（河内国一宮）↓86ページ

女神の意。主祭神の妃神、または娘神を示す普通名詞だが、牧岡神社のように祭神名とされることもある。神社の祭神に限らず日本の神は、船霊や道祖神などの民間信仰の場合も、男女神のカップルとして祀られることが多いので、その名残とも考えられる。姫大神・比売大神（↓120）参照。

122　ひるこのみこと／蛭児尊

〈祭神とする神社〉

◆蛭児《ひるこ》神社（大隅国二宮）↓280ページ

伊弉諾尊《いざなぎのみこと》（↓19）と伊弉冉尊《いざなみのみこと》（↓20）の間に生まれた最初の神であるが、伊弉冉尊のほうが伊弉諾尊より先に声をかけて交わったために、三年たっても脚が立たない子になってしまった（『日本書紀』）という。このため舟に乗せて流されたといわれるが、西宮《にしのみや》神社（兵庫県西宮市）などの祭神となっている。『日本神祇由来事典』はこのことについて、「このヒルコについては、初子・長子であるという説、また大日孁貴神《おおひるめむちのかみ》（天照大神）に対して日子《ひこ》、ヒコ（彦）であるとする説、果てはヒル神（蛹・蛾をヒル・ヒルなどと呼ぶので、生まれ変わり形を変えて人間に利益をもたらす蚕をヒル神・ヒラ神として一種の神格を与えている）信仰の片鱗だとする説などがある。さらに、日の神の御子を箱船に入れて流すという神話も、他の民族にも多く伝えられており、太陽神の聖なる御璽《みしるし》を舟に入れ祭祀したのかもしれない」と述べているが、中国西南部などに伝わる兄妹始祖型の洪水神話では最初の子が肉塊であることが多いことにも注意すべきだろう。

123　ふたたのあめのもののべのみこと／二田天物部命

〈祭神とする神社〉

◆二田物部《ふただもののべ》神社（越後国二宮）↓176ページ

物部氏の祖神である邇芸速日命《にぎはやひのみこと》（饒速日命）に従って高天原から地上に降下した神の一柱。

124　ふつぬしのおおかみ（みこと）／経津主大神（命）

〈祭神とする神社〉

◆枚岡《ひらおか》神社（河内国一宮）↓86ページ
◆香取《かとり》神宮（下総国一宮）↓194ページ
◆一之宮貫前《いちのみやぬきさき》神社（上野国一宮）↓202ページ
◆鹽竈《しおがま》神社（陸奥国一宮）↓208ページ
◆倭文《しとり》神社（伯耆国三宮）↓218ページ

武甕槌大神《たけみかづちのおおかみ》（↓96）とともに大国主命（↓40）に国譲りを認めさせた武神。

神名にある「ふつ」は剣が物を斬る時の擬音語で、剣の威力を神格化したものと思われる。石上神宮《いそのかみ》の祭神で武甕槌大神が地上平定の際に携えていたという神剣、布都御魂《ふつのみたま》（大神）も、その分身的な存在だと思われる。なお、『古事記』では武甕槌大神のみで国譲りを成し遂げたように書いているが、『日本書紀』本文や『出雲国 造 神賀詞《いずものくにのみやっこかんよごと》』では経津主神の事績として語っていることからすると、本来は経津主大神の話であったと思われる。武甕槌大神を氏神とする中臣（藤原）氏の勢力拡大に伴って、神話の書き換えが行なわれたのだろう。

しかし、それぞれの本宮というべき香取《かとり》神宮と鹿島《かしま》神宮の関係からみると、また違った様相を呈する。両社は国を異にしてはいるが、大河や水路をはさんで相対しており、一体に近い関係であったと思われる。香取神宮の祭神が斎主神《いわいぬしのかみ》とも呼ばれていたことから、伊勢神宮の外宮《げくう》が内宮に仕える神を祀る宮であったように、香取神宮も鹿島神宮に仕える神を祀る社であったのではないかと考える研究者もいる。ただし、香取神宮と鹿島神宮の関係が、そのまま経津主大神と武甕槌大神の関係にも当てはめられるわけではない。

125 ふとだまのみこと／太玉命・布刀玉命

天太玉命《あめのふとだまのみこと》（↓16）。

126 ほあかりのみこと／火明命

彦火明命《ひこほあかりのみこと》（↓115）。

127 ほたかみのかみ／穂高見神

〈祭神とする神社〉

◆穂高《ほたか》神社（信濃国三宮）↓154ページ

海神《わたつみのかみ》（↓146／綿津見神）である豊玉彦命《とよたまひこのみこと》の御子神で、安曇連《あずみのむらじ》の祖。山中に海神が祀られるのは不思議な感じがするが、綿津見神を祖とする海神族（安曇氏など）が信州まで勢力を広げた名残とされる。

128 ほのににぎのみこと／番能邇邇芸命・火瓊瓊杵尊

邇邇芸命《ににぎのみこと》・瓊瓊杵尊《ににぎのみこと》（↓110）。

129 ほほでみのみこと／穂穂手見命・穂穂出見尊・火火出見尊

日子穂穂出見尊《ひこほほでみのみこと》・彦火火出見尊《ひこほほでみのみこと》（↓116）。

130 ほん（む）だわけのみこと／誉田別命・保牟多別命

八幡大神《はちまんおおかみ》（↓112）。

131 みけいりぬのみこと／三毛入野命

〈祭神とする神社〉

◆三之宮神社《さんのみや》（上総国三宮）↓190ページ

御毛沼命《みけぬのみこと》ともいう。同じく三之宮神社の祭神となっている五瀬命《いつせのみこと》（↓25）・稲飯命《いないのみこと》（↓26）と同様、神武天皇《じんむ》（↓84）の兄。御毛沼命ともいう。神名は「御食主《みけぬし》」という意味で、食物の神であることを表わしている。

132 みずわかすのみこと／水若酢命

〈祭神とする神社〉

◆水若酢神社《みずわかす》（隠岐国一宮）↓226ページ

水若酢神社宮司（当時）の忌部正孝氏によると、「水若酢命は隠岐国の国土開発、海上鎮護の任にあたられ、古来より五穀豊穣、海島守護の神として崇敬を集め」（『全国一宮祭礼記』）てきたという。

133 みなしのかみ／水無神

〈祭神とする神社〉

◆飛騨一宮水無神社《ひだいちのみやみなし》（飛騨国一宮）↓152ページ

社伝では須佐之男命《すさのおのみこと》（↓87）の孫神（大年神の御子神）である御年神《みとしのかみ》とする。御年神は稲の生育を守る神である。飛騨一宮水無神社宮司（当時）の藤枝和泉氏によれば、「御祭神は、御歳神を主神とし十四柱を配祀し水無神と称し『延喜式』の制では飛騨国八社の首座にあり、「作神様」として農業を奨励し民生の安定を進められた神様」としている。

134 みほつひめのみこと／三穂津姫命

〈祭神とする神社〉

◆出雲《いずも》大神宮（丹波国一宮）↓108ページ

◆御穂《みほ》神社（駿河国三宮）↓138ページ

高皇産霊尊《たかみむすひのみこと》の娘神で、大国主命《おおくにぬしのみこと》（↓40）または大物主神《おおものぬしのかみ》（↓50）の配偶神。『日本書紀』の一書（別伝）によれば、国譲りが決まった後に高皇産霊尊が大物主神にこう言ったという。「お前が国つ神を妻に迎えたなら、私はお前に反逆する気持ちがあると思うだろう。それゆえ、わが娘の三穂津姫をお前に嫁がせよう。八十万《やおよろず》の神を率いて皇孫を護りなさい」大国主命ではなく大物主神に言っているのは、大物主神が大国主命の幸魂《さきみたま》奇魂《くしみたま》とされるからであろう。

135 むなかたのおおかみ（さんじょしん）／宗像大神（三女神）

市杵嶋姫命《いちきしまひめのみこと》・田心姫《たごりひめ》（多紀理姫《たきりひめ》）命《のみこと》・湍津姫《たぎつひめ》（多岐津姫《たぎつひめ》）命《のみこと》（↓24）。

136 ものいみなのみこと／物忌奈乃命

〈祭神とする神社〉

◆二宮《にのみや》八幡宮（伊豆国二宮、現在は三嶋大社の摂社の若宮）↓142ページ

『続日本後紀《しょくにほんこうき》』は三嶋大社祭神（↓52／大山祇神《おおやまづみのかみ》）の御子神とする。

137 やいみみたまのみこと／八井耳玉命

〈祭神とする神社〉

◆甲佐《こうさ》神社（肥後国二宮）↓274ページ

綏靖《すいぜい》天皇の兄。弟とともに自分たちを殺そうとした異母兄弟を討った時、手が震えて実行できず、弟に任せたことを恥じて皇位を譲り、その補佐を務めたと伝えられる。

138 やさかとめのかみ／八坂刀女神

〈祭神とする神社〉

◆諏訪《すわ》大社（信濃国一宮）↓154ページ

同じく諏訪大社の祭神である建御名方神《たけみなかたのかみ》（↓97）の妃神であるが、その出自ははっきりとしていない。現在では諏訪大社の上社・下社ともに建御名方神と八坂刀女神を祀っているが、古くは下社が八坂刀女神を祀る社であったのではないかといわれている。

139 やはたのおおかみ／八幡大神

八幡大神《はちまんおおかみ》（↓112）。

140 やまとたけるのみこと／日本武尊・倭建命

〈祭神とする神社〉

◆大鳥《おおとり》大社（大鳥神社、和泉国一宮）↓88ページ
◆建部《たけべ》大社（近江国一宮）↓116ページ
◆比々多《ひびた》神社（相模国三宮）↓180ページ
◆吉田《よしだ》神社（常陸国三宮）↓198ページ

景行《けいこう》天皇の皇子で、日本神話を代表する英雄神。日本武尊（倭建命）は熊襲《くまそ》の弟建《おとたける》から奉られた称号で、本来の名は小碓命《おうすのみこと》。

『古事記』によると、兄の大碓命《おおうすのみこと》（↓37）が天皇の後宮に入る姉妹を奪ったまま出仕しなくなったので、様子を見てくるよう命じられた小碓命は、大碓命が厠《かわや》に入るところを捕まえて引き裂いてしまう。皇子の猛々しさに恐れを抱いた天皇は、小碓命に熊襲征伐を命じた。熊襲に赴いた日本武尊は、叔母の倭比《やまとひ》売命《めのみこと》からもらった衣で女装をして館に潜入し、熊襲建《たける》兄弟を討ち果たした。

すると、天皇はさらに東方の反逆的な部族の討伐を命令した。日本武尊は倭比売命から草薙《くさなぎの》神剣《みつるぎ》と火打ち石を授かり、遠征に向かった。相模国《さがみのくに》で火攻めに遭うが、剣で草を刈って迎え火をつけて難を逃れる。浦賀水道で妃の弟橘姫命《おとたちばなひめのみこと》（→54）を亡くすという悲劇に遭いながらも遠征を成し遂げ、尾張の美夜受比売《みやすひめ》（宮簀媛）と結ばれる。さらに伊吹山《いぶきやま》の神を退治に向かうが、草薙神剣を美夜受比売のもとに置いてきてしまったために、神の祟りにあって三重の能煩野《のぼの》で薨じたとされる。その後、その霊は白鳥になって飛び去ったという。なお、日本武尊が置いていった草薙神剣を美夜受比売が祀ったのが熱《あつ》田《た》神宮（尾張国三宮）の始まりとされる。

141 やまとのおおくにたまのかみ／大和大国魂神

〈祭神とする神社〉

◆大和大国魂《やまとおおくにたま》神社（淡路国二宮）→122ページ

淡路国の大和大国魂神社は大和国の大和坐大国魂《やまとにいますおおくにたま》神社を勧請したものと伝えられる。この伝承が正しいとするならば、祭神は大和（国）の国魂《くにたま》（土地の神霊）ということになろう。『日本書紀』によれば、天照大神（→7）と倭大国魂（日本大国魂神）二神は宮中に祀られていたが、崇神《すじん》天皇の六年、「其の神の勢《いきおい》を畏《おそ》りて」宮中の外に出すこととなり、天照大神は豊鍬入姫命《とよすきいりひめのみこと》に、倭大国魂は渟名城入姫命《ぬなきのいりひめのみこと》に託すこととなった。ところが、渟名城入姫命は髪が抜け、やせ衰えてしまい、祭祀ができなくなってしまった。その後、大物主神の託宣にしたがって市磯長尾市《いちしのながおち》に祀らせることにしたという。ただし、ここでいう倭大国魂神が淡路国の大和大国魂神社の祭神と同一であるかは定かではない。

142 よどひめのみこと／與止日女命

〈祭神とする神社〉

◆與止日女《よどひめ》神社（肥前国一宮）↓270ページ

落合偉洲氏によれば、「佐賀県を中心とする北九州地方に、淀姫神（與止日女神）を奉斎する神社が多くある。そのなかでも、佐賀県の嘉瀬川流域には六社鎮座している。淀姫神についてはいくつかの説がある。『肥前国風土記』の佐嘉川（現在の嘉瀬川）の川上に「世田姫」という石神があったと記されている。（略）従って、淀姫神（与止日女神）は「世田姫《よだひめ》」が転訛したものであるという説がある。また『宇佐宮縁起』の記述により、神功皇后の妹神とする説、豊玉姫とする説がある」（『神社辞典』）という。現在、與止日女神社では神功皇后の妹という説をとっている。

143 わかさひこのおおかみ／若狭彦大神

〈祭神とする神社〉

◆若狭彦《わかさひこ》神社（若狭国一宮）↓160ページ

彦穂穂出見尊《ひこほほでみのみこと》（↓116）のことともいわれる。『若洲管内社寺由緒記』所載の「若狭国一二宮縁起」によると、若狭彦大神は霊亀《れいき》元年（七一五）に、遠敷《おにゅう》川の中流の白石の上に唐人の服を着て白馬にまたがるという姿で出現したという。その後、若狭姫大神（↓144）も同じ姿で同じ場所に出現したが、それは養老《ようろう》五年（七二一）のことであったとされる。この神話からすると水の神のようだが、若狭彦・若狭姫両大神は海神の性質ももっている。『北国奇談巡杖記《ほっこくきだんじゅんじょうき》』や『和漢三才図会《わかんさんさいずえ》』などに収録された創建伝説によると、龍宮から夫婦の神がやって来たが何年経っても若いままだったので宮を建てて祀ったのだという。若狭という地名も、この不老夫婦神に由来するとする。こうした神話から彦穂穂出見尊と同一視されるようになったのだろう。彦穂穂出見尊は海神ではないが、綿津見神（↓146）の宮に行き、綿津見神の娘を連れて地上に戻っているので、海神とは縁が深い。妃の豊玉姫命は海神そのものである。

144 わかさひめのおおかみ／若狭姫大神

〈祭神とする神社〉

◆若狭姫《わかさひめ》神社（若狭国二宮）↓160ページ

豊玉姫命《とよたまひめのみこと》（↓108）のことともいう。くわしくは若狭彦大神（↓143）の項を参照。

145 わかひるめのみこと／稚日女尊

〈祭神とする神社〉

◆比々多《ひびた》神社（相模国三宮）↓180ページ

天照大神（↓7）の御子神または妹神といわれる。高天原の斎服殿《いみはたどの》で神衣を織っていたが、須佐之男命（↓87）が逆《さか》はぎした馬の皮を投げ込んだため、驚いて梭《ひ》で陰部を突いて神去った（死去した）とされる。その後、神功皇后に託宣をして活田長狭国《いくたながおのくに》に祀られたと『日本書紀』一書《あるふみ》（別伝）に述べられている。こうして創建されたのが生田《いくた》神社（神戸市中央区）とされる。

146 わたつみのかみ／綿津見神・海神

〈祭神とする神社〉

◆穂高《ほたか》神社（信濃国三宮）↓154ページ

海の神で豊玉姫命《とよたまひめのみこと》（↓108）の父神。豊玉彦命と呼ばれることもある。安曇《あずみ》氏の祖神でもある。伊弉《いざ》諾尊《なぎのみこと》（↓19）が黄泉《よみ》から帰って禊《みそぎ》を行なった時に住吉大神《すみよしのおおかみ》（↓88）とともに生まれた神。住吉大神と同じく底津綿津見神《そこつわたつみのかみ》・中津綿津見神《なかつわたつみのかみ》・上津綿津見神《うわつわたつみのかみ》の三神からなるが、それぞれに個性があるわけではなく、一つの神格として扱われるところも同様である。兄の釣り針を探しに宮を訪れた彦火火出見尊《ひこほほでみのみこと》を迎えた時も一柱の神として行動している。この時、綿津見神は彦火火出見尊に潮を自在に操ることができる鹽盈珠《しおみつたま》・鹽乾珠《しおふるたま》を与えたという。なお、「わたつみ」は海の神を指す普通名詞でもあるので、「わたつみ神社」という名であっても、かならずしも綿津見神が祀られているわけではない。

特別資料　一宮・二宮・三宮　歴史地図

1
2
3
4
5
6
青森県
秋田県
岩手県
山形県
宮城県
新潟県
福島県
石川県
富山県
長野県
群馬県
栃木県
福井県
岐阜県
茨城県
埼玉県
山梨県
東京都
愛知県
神奈川県
静岡県
千葉県

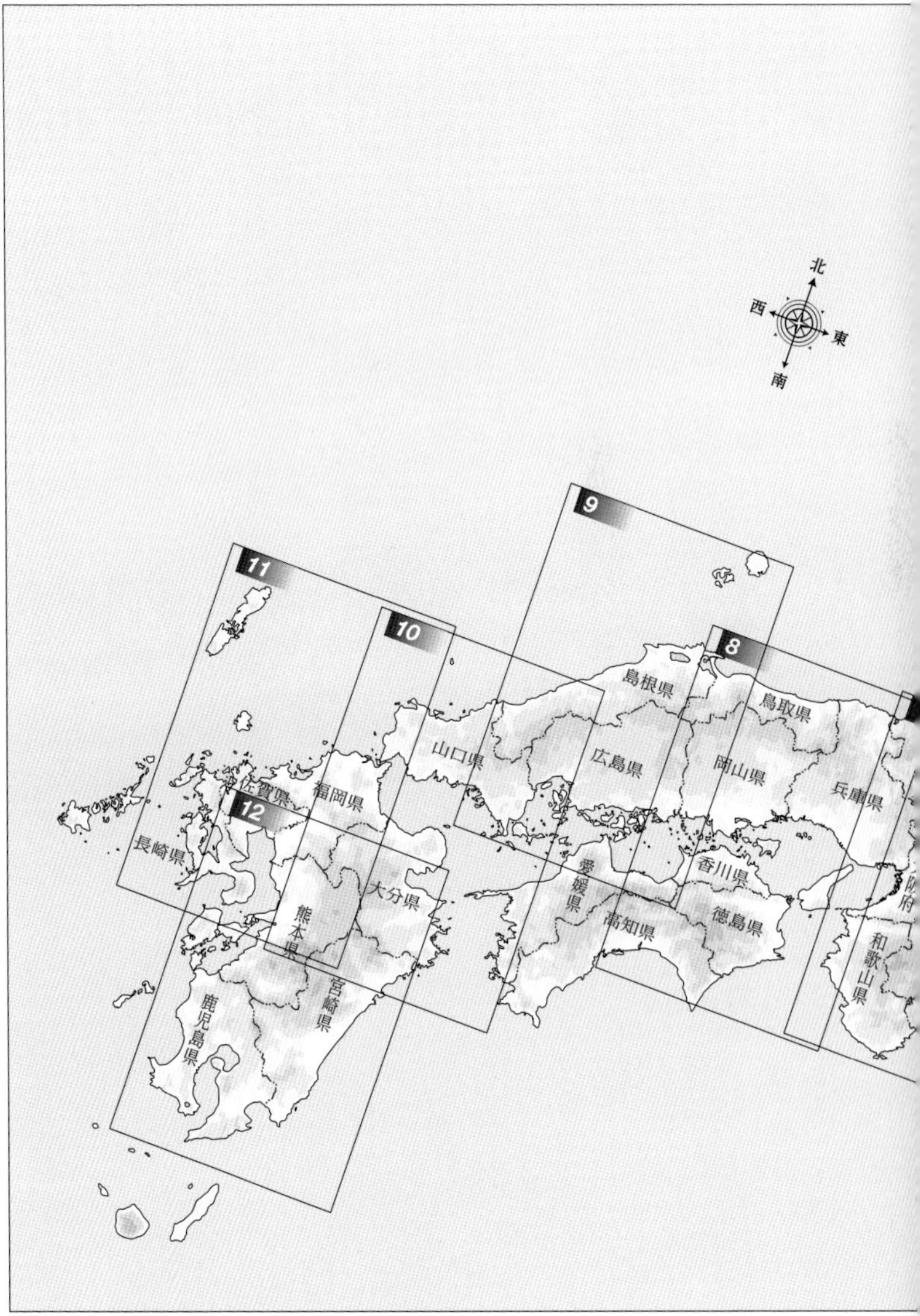
北
西
東
南
9
11
10
8
12
島根県
鳥取県
山口県
広島県
岡山県
兵庫県
佐賀県
福岡県
長崎県
香川県
愛媛県
大分県
熊本県
高知県
徳島県
和歌山県
宮崎県
鹿児島県

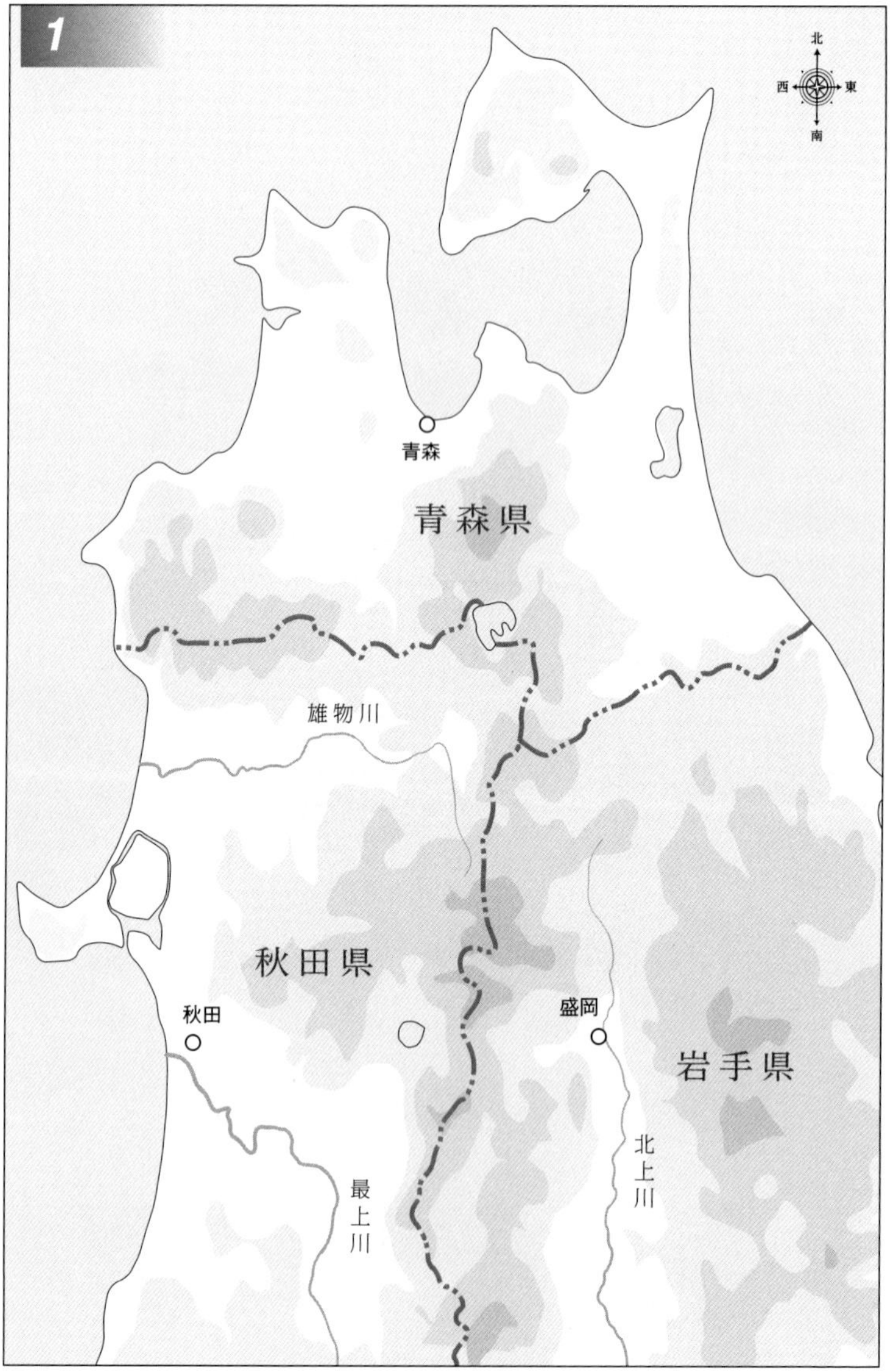
1
北
西
東
南
青森
青森県
雄物川
秋田県
秋田
盛岡
岩手県
北上川
最上川

2
岩手県
北
西
東
南
一宮 鳥海山大物忌神社
二宮 城輪神社
三宮 小物忌神社
北上川
最上川
宮城県
山形県
一宮 鹽竈神社
山形
仙台
新潟県
福島
阿武隈川
福島県
栃木県

3
北
西
東
南
福島県
栃木県
那珂川
一宮 二荒山神社
宇都宮
鬼怒川
群馬県
二宮 静神社
水戸
三宮 吉田神社
茨城県
荒川
埼玉県
一宮 鹿島神宮
一宮（三宮）氷川神社
利根川
浦和
一宮 香取神宮
東京都
東京
二宮 二宮神社
千葉
千葉県
二宮 橘樹神社
横浜
三宮 比々多神社
一宮 玉前神社
一宮 寒川神社
三宮 三之宮神社
二宮 川匂神社
神奈川県
静岡県
一宮 安房神社

4
北
西
東
南
佐渡島
三宮 引田部神社
二宮 大目神社
一宮 度津神社
新潟
阿賀野川
一宮 彌彦神社
二宮 二田物部神社
新潟県
信濃川
福島県
群馬県
二宮 赤城神社
栃木県
三宮 伊香保神社
前橋
長野県
一宮 一之宮貫前神社
利根川
埼玉県

5
北
西
東
南
長野
富山県
群馬県
千曲川
三宮 穂高神社
長野県
一宮 諏訪大社 下社春宮
二宮 小野神社
一宮 諏訪大社 下社秋宮
岐阜県
一宮 諏訪大社 上社前宮
一宮 諏訪大社 上社本宮
三宮 玉諸神社
一宮 浅間神社
甲府
山梨県
二宮 美和神社
木曽川
天竜川
相模川
一宮 富士山本宮浅間大社
大井川
一宮 三嶋大社
二宮 豊積神社
三宮 御穂神社
愛知県
静岡
三宮 浅間神社
静岡県
一宮 小國神社
二宮 二宮八幡宮
一宮 事任八幡宮
二宮 二宮神社
二宮 鹿苑神社

6
一宮 氣多大社
二宮 伊須流岐比古神社
一宮 氣多神社
一宮 射水神社
富山
一宮 雄山神社
石川県
金沢
富山県
一宮 高瀬神社
一宮 白山比咩神社
二宮 菅生石部神社
北
西
東
南
福井
一宮 飛騨一宮水無神社
長野県
福井県
岐阜県
一宮 氣比神宮
二宮 若狭姫神社
一宮 若狭彦神社
三宮 伊奈波神社
岐阜
二宮 伊富岐神社
木曽川
琵琶湖
二宮 大縣神社
三宮 多賀大社
一宮 南宮大社
三宮 多岐神社
一宮 真清田神社
名古屋
三宮 猿投神社
滋賀県
二宮 日吉大社
三宮 熱田神宮
愛知県
大津
一宮 建部大社
二宮 知立神社
一宮 砥鹿神社
三重県

7
福井県
一宮 籠神社
岐阜県
滋賀県
京都市
愛知県
一宮 賀茂別雷神社
一宮 多度大社
一宮 出雲大神宮
兵庫県
一宮 賀茂御祖神社
京都
一宮 椿大神社
三宮 波多岐神社
淀川
一宮 枚岡神社
二宮 小宮神社
一宮 都波岐奈加等神社
津
大阪
一宮 敢国神社
一宮 住吉大社
大阪府
二宮 恩智神社
一宮 大鳥大社
三重県
一宮 大神神社
二宮 泉穴師神社
三宮 聖神社
奈良県
一宮 伊雑宮
紀ノ川
和歌山
一宮 日前神宮・國懸神宮
和歌山県
北
西
東
南

8
一宮 宇倍神社
一宮 倭文神社
三宮 倭文神社
二宮 大神山神社
鳥取
鳥取県
一宮 出石神社
京都府
二宮 粟鹿神社
一宮 中山神社
二宮 高野神社
一宮 伊和神社
二宮 荒田神社
岡山県
三宮 住吉神社
兵庫県
広島県
一宮 吉備津彦神社
岡山
一宮 吉備津神社
神戸
一宮 伊弉諾神宮
淡路島
二宮 大和大国魂神社
高松
一宮 田村神社
二宮 大水上神社
香川県
一宮 大麻比古神社
徳島
吉野川
愛媛県
徳島県
吉野川
一宮 土佐神社
高知
高知県
二宮 小村神社
北
西
東
南

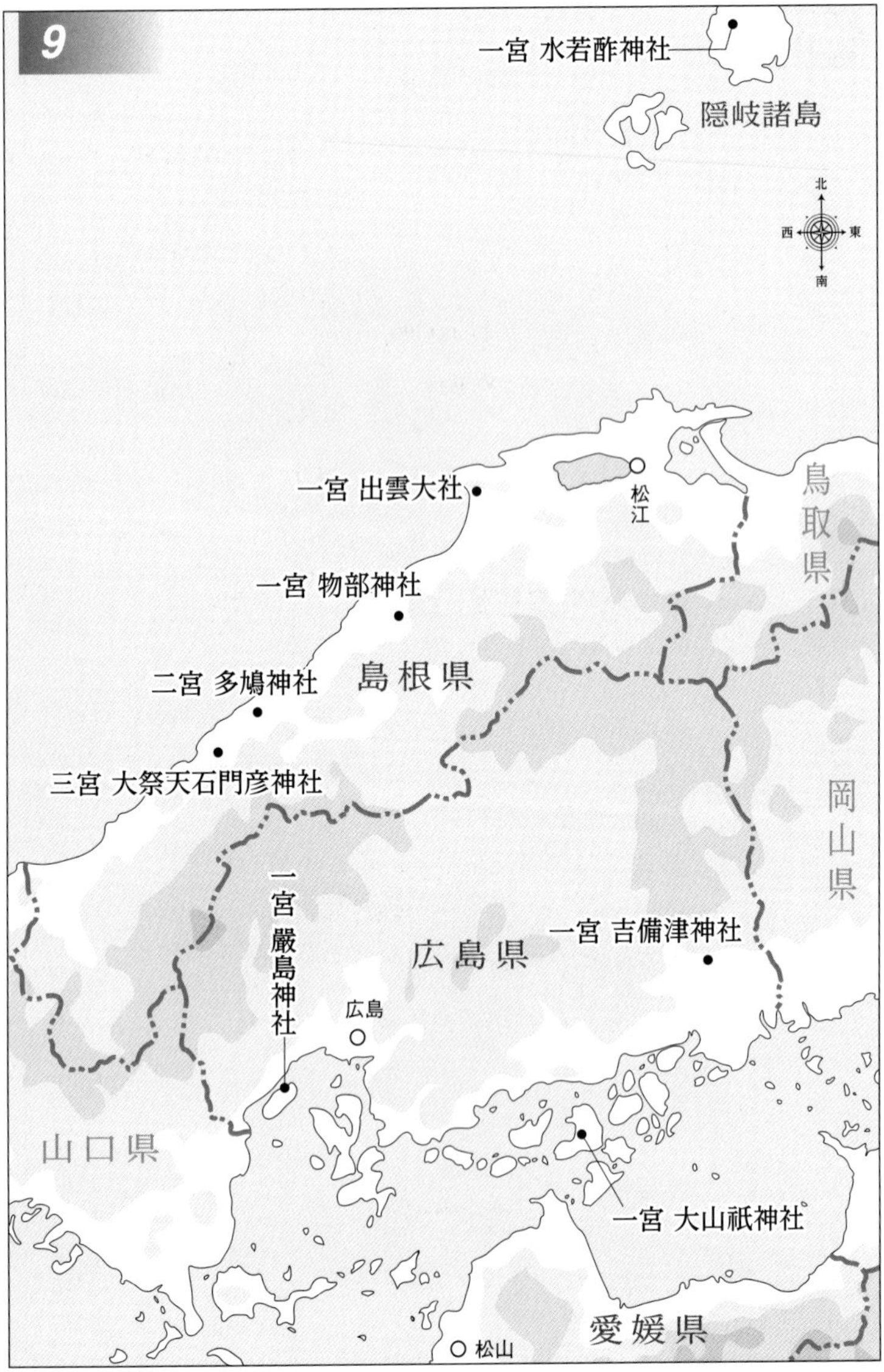
9
一宮 水若酢神社
隠岐諸島
北
西
東
南
一宮 出雲大社
松江
鳥取県
一宮 物部神社
島根県
二宮 多鳩神社
三宮 大祭天石門彦神社
岡山県
一宮 嚴島神社
一宮 吉備津神社
広島県
広島
山口県
一宮 大山祇神社
愛媛県
松山

10
島根県
広島県
山口県
三宮 仁壁神社
二宮 出雲神社
山口
三宮 龍王神社
一宮 玉祖神社
二宮 忌宮神社
一宮 住吉神社
福岡県
一宮 宇佐神宮
筑後川
一宮 柞原八幡宮
大分県
大分
一宮 西寒多神社
熊本県
宮崎県
北
西
東
南

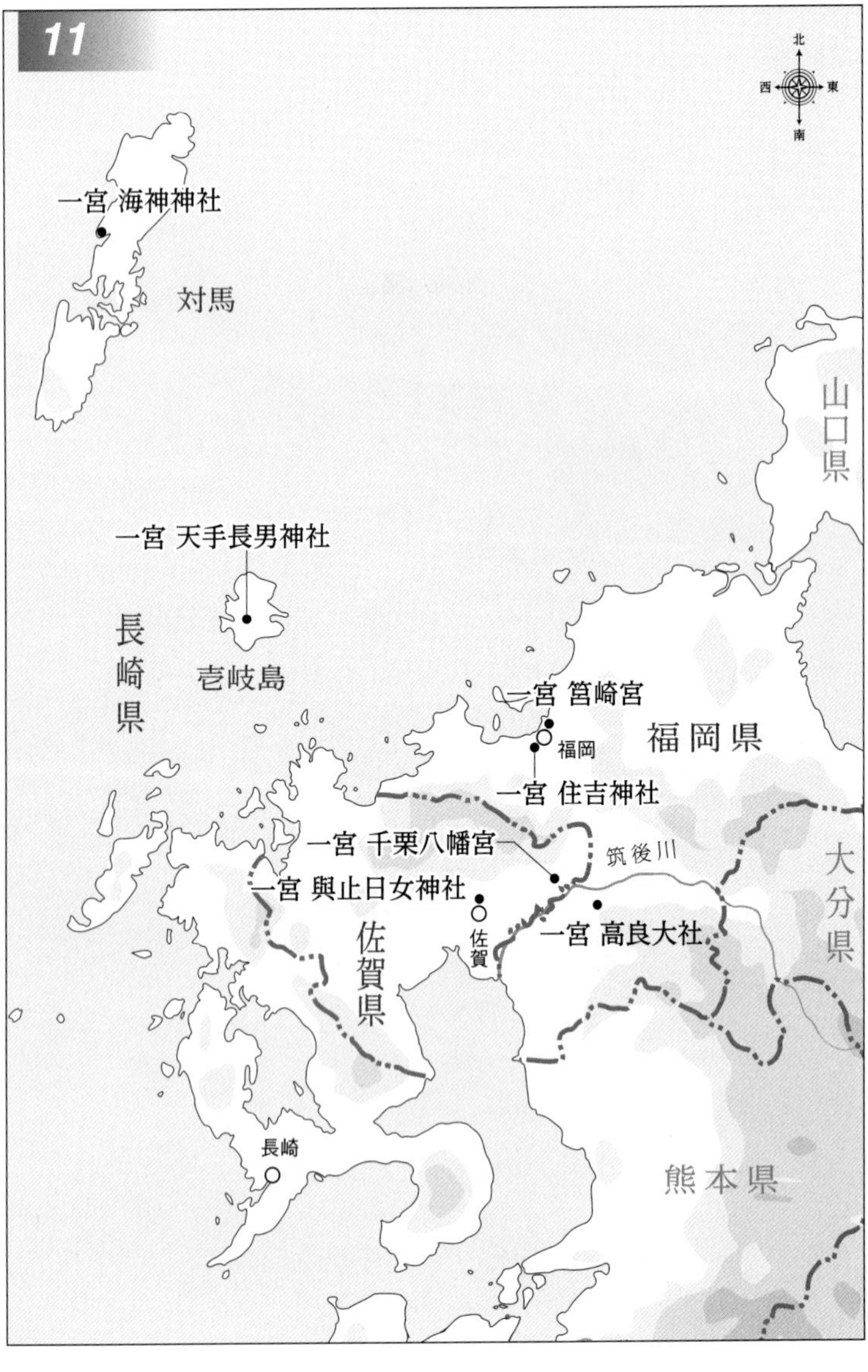
11
北
西
東
南
一宮 海神神社
対馬
一宮 天手長男神社
壱岐島
長崎県
山口県
一宮 筥崎宮
福岡
福岡県
一宮 住吉神社
一宮 千栗八幡宮
筑後川
大分県
一宮 與止日女神社
佐賀
一宮 高良大社
佐賀県
長崎
熊本県

12
福岡県
大分県
長崎県
一宮 阿蘇神社
三宮 藤崎八旛宮
熊本
二宮 甲佐神社
熊本県
球磨川
一宮 都農神社
宮崎県
川内川
大淀川
二宮 蛭児神社
宮崎
一宮 新田神社
一宮 鹿児島神宮
鹿児島県
鹿児島
一宮 枚聞神社
北
西
東
南

参考文献

中世諸国一宮制研究会編『中世諸国一宮制の基礎的研究』、岩田書院、二〇〇〇年
大林太良『私の一宮巡詣記』、青土社、二〇〇一年
入江孝一郎『諸国一の宮』、移動教室出版事業部、二〇〇一年
落合偉洲・加藤健二・茂木栄・茂木貞純編『全国一宮祭礼記』、おうふう、二〇〇二年
一宮研究会編『中世一宮制の歴史的展開』上／個別研究編、岩田書院、二〇〇四年
一宮研究会編『中世一宮制の歴史的展開』下／総合的研究編、岩田書院、二〇〇四年
恵美嘉樹『全国「一宮」徹底ガイド』、PHP、二〇〇七年
井上寛司『日本中世国家と諸国一宮制』、岩田書院、二〇〇九年
岡田荘司監修『太陽の地図帳　全国「一宮」めぐり』、平凡社、二〇一四年
吉井良隆「「一宮」の選定とその背景」『神道史研究』一九六七年一月
伊藤邦彦「諸国一宮・惣社の成立」『日本歴史』一九七七年十二月
伊藤邦彦「諸国一宮制の展開」『歴史学研究』一九八二年一月
井上寛司「中世諸国一宮制と神社史研究の課題」『國史學』二〇〇三年二月
岡田荘司「神社史研究から見た中世一宮」『國史學』二〇〇三年二月
井原今朝男「中世諸国一宮と神社史研究をめぐる論点」『國史學』二〇〇三年二月
岡野友彦「討論記録」『國史學』二〇〇三年二月
川口謙二編著『日本神祇由来事典』、柏書房、一九九三年
神社新報社『日本神名辞典』、神社新報社、一九九四年
白井永二・土岐昌訓編『新装普及版　神社辞典』、東京堂出版、一九九七年
國學院大學日本文化研究所編『〔縮刷版〕神道事典』、弘文堂、一九九九年

三橋健・白山芳太郎編著『日本神さま事典』、大法輪閣、二〇〇五年
稲田浩二・大島建彦・川端豊彦・福田晃・三原幸久編『〔縮刷版〕日本昔話事典』、弘文堂、一九九四年
大林太良・伊藤清司・吉田敦彦・松村一男編『世界神話事典』、角川書店、二〇〇五年
西海賢二・時枝務・久野俊彦編『日本の霊山読み解き事典』、柏書房、二〇一四年
谷川健一編『日本の神々――神社と聖地』全十三巻、白水社、一九八四年～八七年
井上順孝編『ワードマップ　神道――日本生まれの宗教システム』、新曜社、一九九八年
伊藤聡・遠藤潤・松尾恒一・森瑞枝『日本史小百科　神道』、東京堂出版、二〇〇二年
岡田莊司編『日本神道史』、吉川弘文館、二〇一〇年
原田信男『神と肉――日本の動物供犠』、平凡社、二〇一四年
倉野憲司校注『古事記』、岩波書店、二〇〇七年改訂版
三浦祐之訳・注釈『口語訳　古事記　神代編』、文藝春秋、二〇〇六年
坂本太郎・家永三郎・井上光貞・大野晋校注『日本書紀』（全五冊）、岩波書店、一九九四～九五年
荻原千鶴全訳注『出雲国風土記』、講談社、一九九九年
大久間喜一郎編著『古代説話　風土記篇』、おうふう、一九八三年
伴信友「神社私考」『伴信友全集』二巻、国書刊行会、一九〇八年
大塚統子校注「大日本国一宮記」『続神道大系　神社編』想記（一）、神道大系編纂会、二〇〇三年
大塚統子校注「一宮巡詣記抜粋」『続神道大系　神社編』想記（一）、神道大系編纂会、二〇〇三年
続群書類従完成会編『群書解題』第一巻上、続群書類従完成会、一九六二年
三省堂編集所編『最新全国市町村名事典』、三省堂、二〇〇六年
日外アソシエーツ編集部編『新訂全国地名駅名よみかた辞典――平成の市町村合併対応』、日外アソシエーツ、二〇〇六年

あとがき

本書を書いている平成二十七年（二〇一五）は、高野山開創千二百年に当たる。このため書店には高野山や空海に関する本がたくさん並んでいる。私も新書と文庫各一冊に加え、いくつかの雑誌記事を書かせてもらうことになり、なかなかあわただしい年となっている。

そんななかで本書の執筆をすることになったのだが、全国の一宮・二宮・三宮の歴史をたどるという作業は、日本の信仰の根幹を再検討することといってよく、いろいろと発見のある体験であった。これは高野山関連の執筆にもいい影響があったように思う。

実は一宮制度に取り組むのは、これで二度目のこととなる。最初は二〇〇七年のことで、これは同年二月号の『歴史読本』に「諸国一宮・二宮・三宮大事典」として掲載された。この原稿では二宮以下についてはその存在について触れるのみで、その歴史や信仰、一宮制度における位置づけまで言及することはできなかった。

そこで今回の執筆にあたっては、従来の研究成果を一から読み直し、改めて取材を行った。そして、一宮制度については、一宮と二宮以下の神社との関わりになるべく注目してみることにした。この試みはかならずしも成功したとはいいがたいのだが、一宮の由緒の列挙から一歩進んで、その機能の一端を明らかにするものとなったのではないかと自負している。

もちろん、こうした著作ができたのも、多くの研究者の地道な調査・研究があるからで、私はその褌を借りてひとり相撲をとったにすぎない。参考にさせていただいた書籍・論文等は巻末に「参考文献」としてあげておいたが、なかでも中世諸国一宮制研究会編の『中世諸国一宮制の基礎的研究』と井上寛司氏の『日本中世国家と諸国一宮制』の二著は常に座右に置いて参考にさせていただいた。参考文献の著者・執筆者の方々には深く感謝申し上げたい。

本書を読まれた方も、一宮制度についてより深く知りたいと思われたならば、右にあげた二著などの参考文献もぜひ読んでいただきたい。専門書なのでどの本屋にもあるというようなものではないが、都道府県の中央図書館などの主要図書館には収蔵されていることと思う。

なお、九州の諸国にのみ橘三喜《たちばなみつよし》の『一宮巡詣記』の引用があることを不思議に思われた読者もおられることと思う。これは大林太良氏へのひそかなレクイエムなのである。

大林氏（先生と呼ぶべきだが、敬称はすべて氏で統一させていただいた）は世界の神話研究の第一人者であったが、晩年には一宮の研究にも取り組まれていた。そして、『一宮巡詣記』にならって「私の一宮巡詣記」という連載を『現代思想』に連載されていた（のちに青土社から『私の一宮巡詣記』として刊行された）が、早すぎる瞑目によって九州編を残して未完となってしまったのである。

大林氏とはたった一度しかお目にかかることがかなわなかったが、その著作からは多くのことを学ばせていただいた。その万分の一の報恩と遺著へのささやかな補完の意味を込めて『一宮巡詣記』の引用を入れることとした。

享保七年（一七二二）に編纂された『一宮巡詣記』（正しくは『一宮巡詣記抜粋』）は当時の一宮の様子が図入りで詳細に書かれていて、読み物としてもなかなか面白いものなのだが、活字化したものは『続神道大系』（神社編　総記一）しかないようなので、手にするのは難しいかもしれない。その主要な部分は『私の一宮巡詣記』に引用されているので、これを読むのが簡便だろう。

長々と駄弁を連ねてしまったが、要するに本書は知的探求の入口だということをいいたいのだ。本書を読むことで神道史や神社に少しでも興味を抱かれるようになったのなら、さらに一歩進めて独自の探求を行なってほしい。探求の方法はさまざまだ。関連書籍を読むのもその一つであるし、神社巡りの旅に出るのもその一つだ。

どのような形でも一歩踏み出せば、日本の精神文化の奥行きの深さが実感されることと思う。次の一歩のためのヒントは本書のあちこちに見出せるはずだ。

最後になってしまったが、再び一宮制度に取り組む機会を与えてくれた山川出版社の皆様と本書を手にして下さった読者の皆様に謝意を表して本書の締めくくりとしたい。

渋谷申博

著者プロフィール

渋谷申博（しぶやのぶひろ）

一九六〇年、東京都生まれ。早稲田大学第一文学部卒。神道・仏教など日本の宗教史に関わる執筆活動をするかたわら、全国の社寺・聖地・聖地鉄道などのフィールドワークを続けている。主な著作に『総図解よくわかる日本の神社』（中経出版）、『聖地鉄道』『歩いて知る高野山と空海』（以上、洋泉社）、『日本の神社を知る事典』『0からわかる神道のすべて』『0からわかる空海と高野山のすべて』（以上、三笠書房）ほかがある。

諸国神社《しょこくじんじゃ》　一宮《いちのみや》・二宮《にのみや》・三宮《さんのみや》

二〇一五年七月二十五日　第一版第一刷印刷
二〇一五年七月　三十日　第一版第一刷発行

著　者　渋谷申博
発行者　野澤伸平
発行所　株式会社　山川出版社
東京都千代田区内神田一―一三―一三
〒一〇一―〇〇四七
電　話　〇三（三二九三）八一三一（営業）
〇三（三二九三）一八〇二（編集）
振替　〇〇一二〇―九―四三九九三
http://www.yamakawa.co.jp/
企画・編集　山川図書出版株式会社
印刷所　半七写真印刷工業株式会社
製本所　株式会社　ブロケード

ISBN978-4-634-15086-7